本書の特色と使い方

４段階のステップ学習で、豊かな学力が形成されます。

「音読」「なぞり書き」「書き写し」「暗唱」の４段階のシートで教科書教材を深く理解でき、ゆっくり学んでいくうちに、豊かな学力が形成されます。

ゆっくりていねいに、段階を追った学習ができます。

問題量を少なくした、ゆったりとした紙面構成で、読み書きが苦手な子どもでも、ゆっくりていねいに、段階を追って学習することができます。また、漢字が苦手な子どもでも、学習意欲が減退しないように、問題文の全てにかな文字を記載しています。

光村図書・東京書籍・教育出版の国語教科書から抜粋した詩・物語・説明文教材の問題などを掲載しています。

教科書掲載教材を使用して、授業の進度に合わせて予習・復習ができます。三社の優れた教科書教材を掲載しておりますので、ぜひご活用ください。

どの子も理解できるよう、お手本や例文を記載しています。

問題の考え方や答えの書き方の理解を補助するものとして、はじめに、なぞり書きのできるグレー文字のお手本があります。また、文作りでは例文も記載しています。

あたたかみのあるイラストで、文作りの場面理解を支援しています。

わかりやすいイラストで、文章の理解を深めます。生活の場面をイラストにして、そのイラストに言葉をそえています。イラストにそえられた言葉を手がかりに、子ども自らが文を作れるように配慮してあります。また、イラストの色塗りなども楽しめます。

支援教育の専門の先生の指導をもとに、本書を作成しています。

教科書の内容や構成を研究し、小学校の特別支援学級や支援教育担当の先生方、専門の研究者の先生方のアドバイスをもとに問題を作成しています。

※ワークシートの解答例について（お家の方や先生方へ）

本書の解答は、あくまでもひとつの「解答例」です。お子さまに取り組ませる前に、必ず指導される方が問題を解いてください。指導される方の作られた解答をもとに、お子さまの多様な考えに寄り添って〇つけをお願いします。

もっとゆっくりていねいに学べる　作文ワーク基礎編
（光村図書・東京書籍・教育出版の教科書教材より抜粋）

4—②　目次

書《か》き写《うつ》し・音読《おんどく》・暗唱《あんしょう》

文《ぶん》作《づく》り

書き写し・音読・暗唱　シートの見分け方

 …音読・なぞり書き

 …音読・書き写し

 …音読・覚える・なぞり書き

 …暗唱・覚えて書く

はばたき ①

名前

詩《し》を音読《おんどく》してから、書《か》き写《うつ》しましょう。

白鳥《はくちょう》のやって来《き》た空《そら》から、
ふわりふわりふわりと
まい下《お》りてくるのは、
あれは雪《ゆき》ではなくて、

★書《か》き終《お》わったら、もう一度《いちど》、音読《おんどく》しましょう。

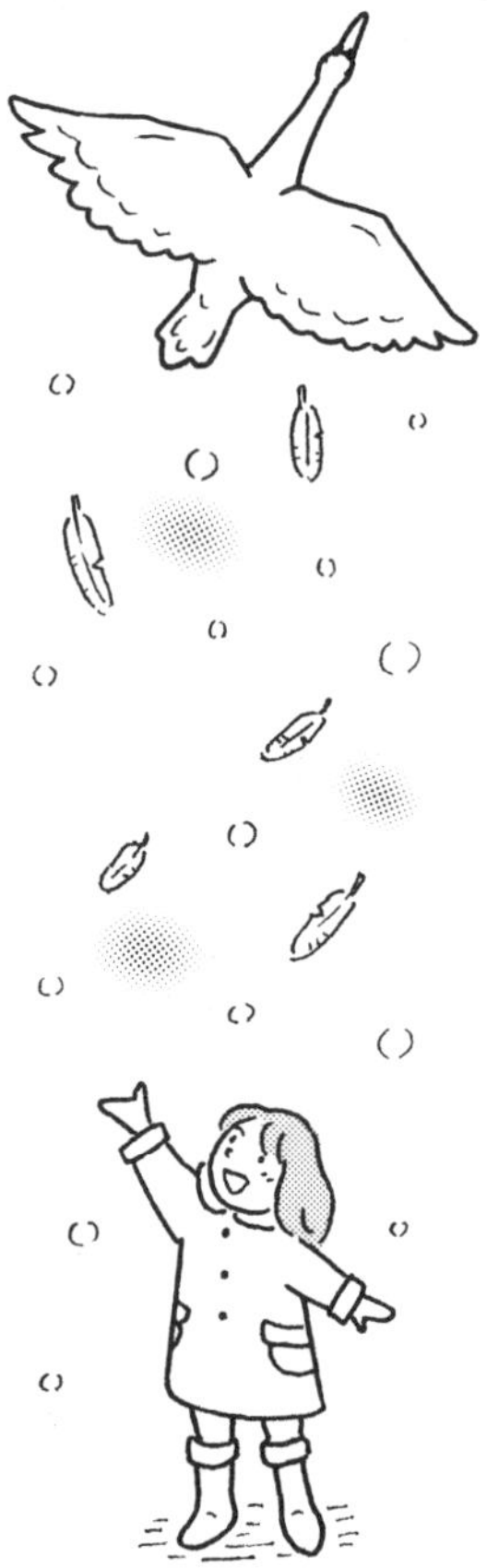

（令和二年度版　光村図書　国語　四下　はばたき　羽曽部　忠）

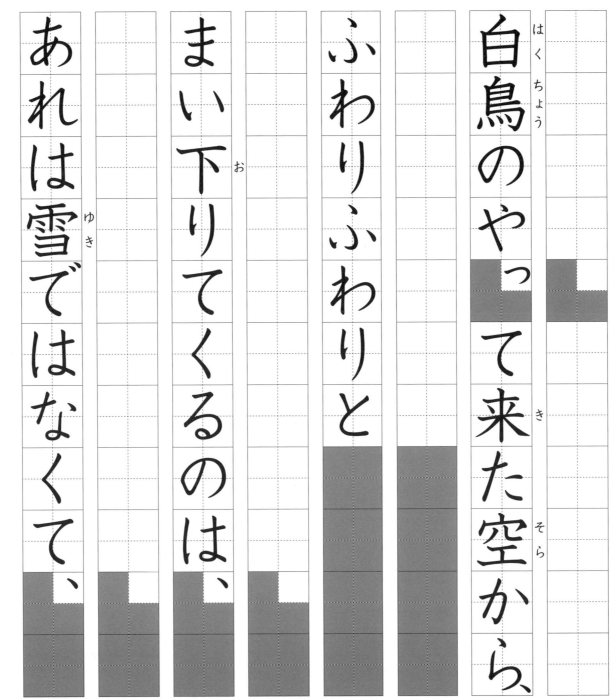

はばたき ②

名前

詩《し》を音読《おんどく》してから、書《か》き写《うつ》しましょう。

たくさんの白鳥《はくちょう》の
はばたきから
飛《と》び散《ち》ってくる、
小《ちい》さな羽《はね》ではないので
しょうか。

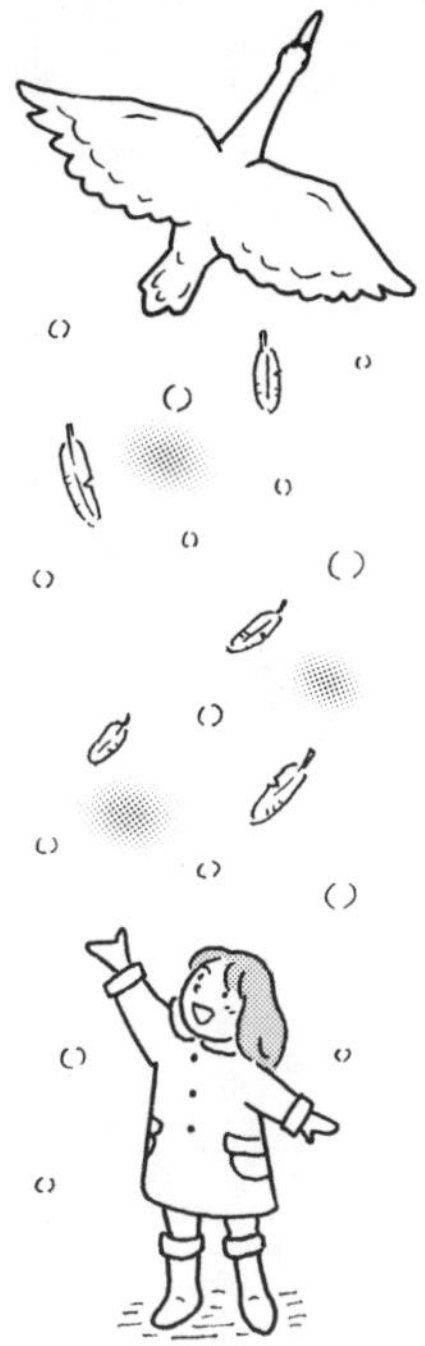

★書《か》き終《お》わったら、もう一度《いちど》、音読《おんどく》しましょう。

（令和二年度版　光村図書　国語　四下　はばたき　羽曽部　忠）

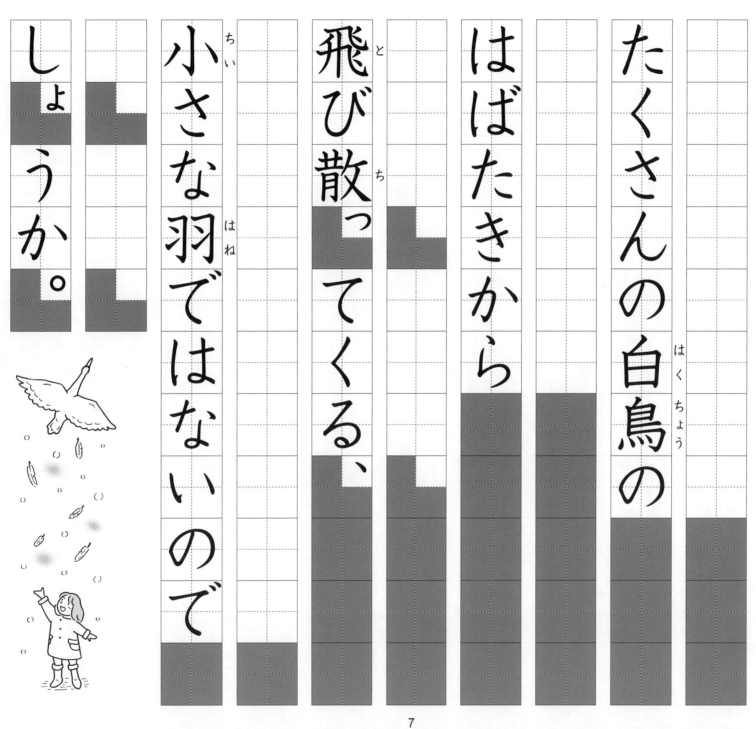

はばたき ③

名前

詩《し》を音読《おんどく》して、覚《おぼ》えましょう。また、詩《し》を書《か》きましょう。

白鳥《はくちょう》のやって来《き》た空《そら》から、
ふわりふわりと
まい下《お》りてくるのは、
あれは雪《ゆき》ではなくて、
たくさんの白鳥《はくちょう》の
はばたきから
飛《と》び散《ち》ってくる、
小《ちい》さな羽《はね》ではないので
しょうか。

★書《か》き終《お》わったら、もう一度《いちど》、音読《おんどく》しましょう。

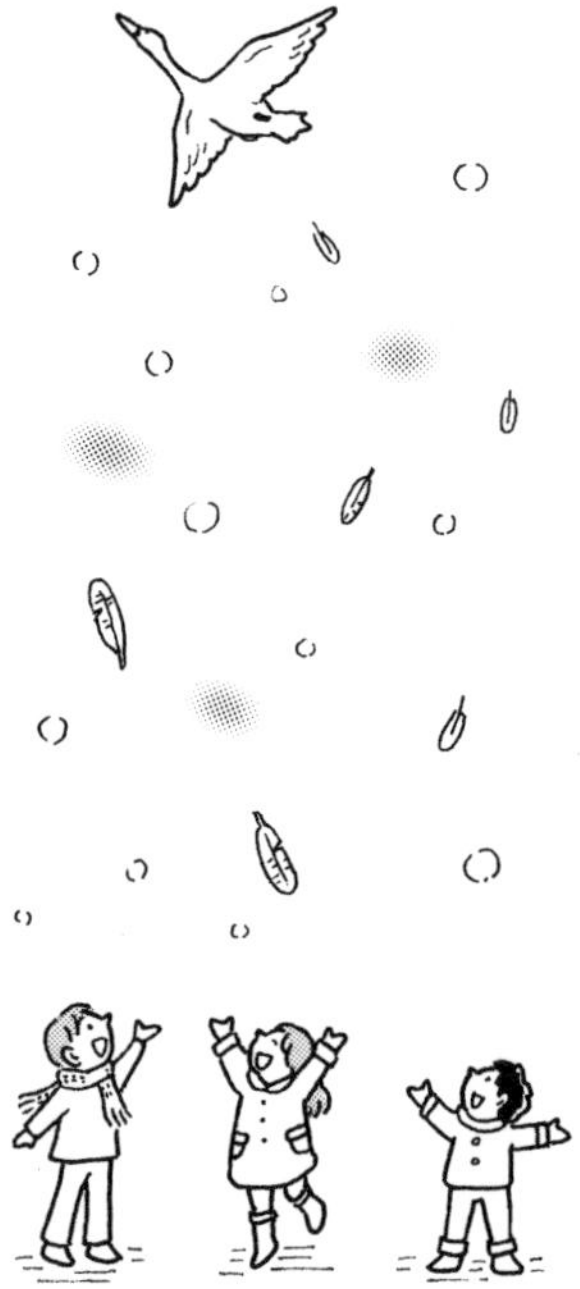

（令和二年度版　光村図書　国語　四下　はばたき　羽曽部　忠）

はばたき ④

名前

詩《し》を暗唱《あんしょう》しましょう。覚《おぼ》えたら書《か》きましょう。

白《はくちょう》や　《き》　空《そら》、

ふ　ふ

ま　下《お》　く

あ　雪《ゆき》

た　白《はくちょう》

は

飛《と》　散《ち》

小《ちい》　羽《はね》　な

し

★書《か》き終《お》わったら、もう一度《いちど》、音読《おんどく》しましょう。

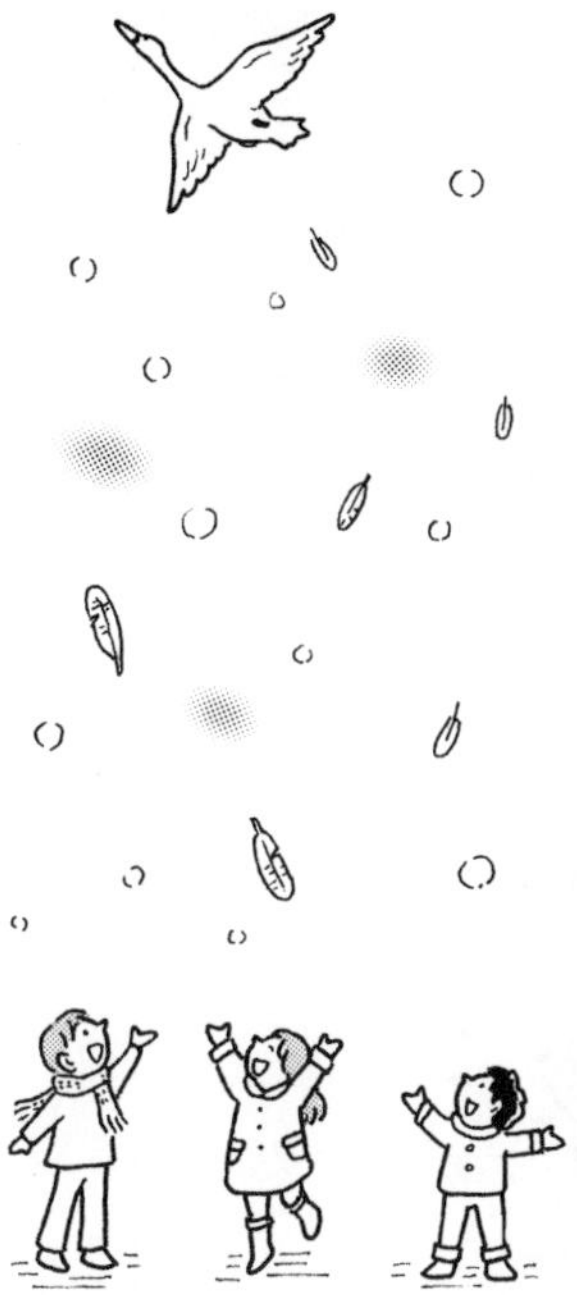

（令和二年度版　光村図書　国語　四下　はばたき　羽曽部　忠）

つき ①

名前

詩《し》を音読《おんどく》して、覚《おぼ》えましょう。また、詩《し》を書《か》きましょう。

つき

谷川《たにかわ》 俊太郎《しゅんたろう》

つきに いかないか
ぼくと いっしょに
つきに いかないか
おだんご もって

つきに いかないか
はらが たつとき
つきに いかないか
ちきゅうを ながめに

★書《か》き終《お》わったら、もう一度《いちど》、音読《おんどく》しましょう。

（令和二年度版　光村図書　国語　四下　はばたき　谷川　俊太郎）

つき

②

名前

詩《し》を暗唱《あんしょう》しましょう。覚《おぼ》えたら書《か》きましょう。

つき

谷川《たにかわ》　俊太郎《しゅんたろう》

つ　い
ぼ　い
つ　い
お　も

つ　い
は　た
つ　い
ち　な

★書《か》き終《お》わったら、もう一度《いちど》、音読《おんどく》しましょう。

（令和二年度版　光村図書　国語　四下　はばたき　谷川　俊太郎）

短歌《たんか》・俳句《はいく》に親《した》しもう（二）①

名前

短歌《たんか》を音読《おんどく》してから、書《か》き写《うつ》しましょう。

晴れし空仰げばいつも
晴《は》れし空《そら》仰《あお》げばいつも
口笛を吹きたくなりて
口笛《くちぶえ》を吹《ふ》きたくなりて
吹きてあそびき
吹《ふ》きてあそびき

石川《いしかわ》　啄木《たくぼく》

ゆく秋の大和の国の
ゆく秋《あき》の大和《やまと》の国《くに》の
薬師寺の塔の上なる
薬師寺《やくしじ》の塔《とう》の上《うえ》なる
一ひらの雲
一《ひと》ひらの雲《くも》

佐佐木《ささき》　信綱《のぶつな》

★書《か》き終《お》わったら、もう一度《いちど》、音読《おんどく》しましょう。

（令和二年度版　光村図書　国語　四下　はばたき「短歌・俳句に親しもう（二）」による）

短歌《たんか》・俳句《はいく》に親《した》しもう（二）②

名前

短歌《たんか》を音読《おんどく》してから、書《か》き写《うつ》しましょう。

晴《は》れし空《そら》仰《あお》げばいつも
口笛《くちぶえ》を吹《ふ》きたくなりて
吹《ふ》きてあそびき

石川《いしかわ》 啄木《たくぼく》

ゆく秋《あき》の大和《やまと》の国《くに》の
薬師寺《やくしじ》の塔《とう》の上《うえ》なる
一《ひと》ひらの雲《くも》

佐佐木《ささき》 信綱《のぶつな》

★書《か》き終《お》わったら、もう一度《いちど》、音読《おんどく》しましょう。

（令和二年度版 光村図書 国語 四下 はばたき 「短歌・俳句に親しもう（二）」による）

短歌《たんか》・俳句《はいく》に親《した》しもう（二）③

名前

短歌《たんか》を音読《おんどく》して、覚《おぼ》えましょう。また、短歌《たんか》を書《か》きましょう。

晴《は》れし空《そら》仰《あお》げばいつも
口笛《くちぶえ》を吹《ふ》きたくなりて
吹《ふ》きてあそびき

石川《いしかわ》　啄木《たくぼく》

ゆく秋《あき》の大和《やまと》の国《くに》の
薬師寺《やくしじ》の塔《とう》の上《うえ》なる
一《ひと》ひらの雲《くも》

佐佐木《ささき》　信綱《のぶつな》

★書《か》き終《お》わったら、もう一度《いちど》、音読《おんどく》しましょう。

（令和二年度版　光村図書　国語　四下　はばたき「短歌・俳句に親しもう（二）」による）

短歌《たんか》・俳句《はいく》に親《した》しもう（二）④

名前

短歌《たんか》を暗唱《あんしょう》しましょう。覚《おぼ》えたら書《か》きましょう。

晴《は》《そら》仰《あお》い
口《くちぶえ》吹《ふ》な
吹《ふ》あ

石川《いしかわ》　啄木《たくぼく》

ゆ《あき》大《やまと》国《くに》
薬師寺《やくしじ》塔《とう》《うえ》
一《ひと》雲《くも》

佐佐木《ささき》　信綱《のぶつな》

★書《か》き終《お》わったら、もう一度《いちど》、音読《おんどく》しましょう。

（令和二年度版　光村図書　国語　四下　はばたき「短歌・俳句に親しもう（二）」による）

短歌《たんか》・俳句《はいく》に親《した》しもう（二） ⑤

名前

俳句《はいく》を音読《おんどく》してから、書《か》き写《うつ》しましょう。

柿くへば
柿《かき》くへ（え）ば
鐘が鳴るなり法隆寺
鐘《かね》が鳴《な》るなり法隆寺《ほうりゅうじ》

正岡《まさおか》　子規《しき》

桐一葉
桐《きり》一葉《ひとは》
日当たりながら落ちにけり
日《ひ》当《あ》たりながら落《お》ちにけり

高浜《たかはま》　虚子《きょし》

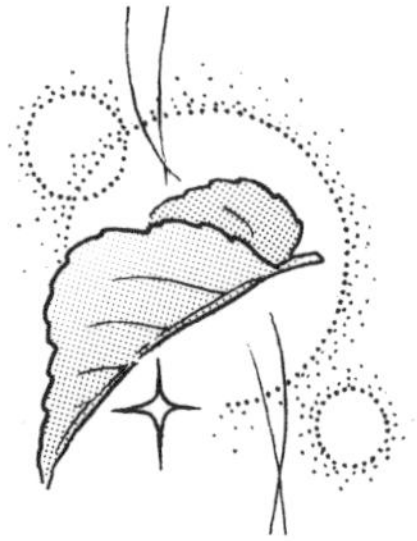

外にも出よ
外《と》にも出《で》よ
触るるばかりに春の月
触《ふ》るるばかりに春《はる》の月《つき》

中村《なかむら》　汀女《ていじょ》

★書《か》き終《お》わったら、もう一度《いちど》、音読《おんどく》しましょう。

（令和二年度版　光村図書　国語　四下　はばたき「短歌・俳句に親しもう（二）」による）

短歌《たんか》・俳句《はいく》に親《した》しもう（二）⑥

名前

俳句《はいく》を音読《おんどく》してから、書《か》き写《うつ》しましょう。

柿《かき》くへ（え）ば
鐘《かね》が鳴《な》るなり法隆寺《ほうりゅうじ》

正岡《まさおか》　子規《しき》

桐《きり》一《ひと》葉《は》
日当《ひあ》たりながら落《お》ちにけり

高浜《たかはま》　虚子《きょし》

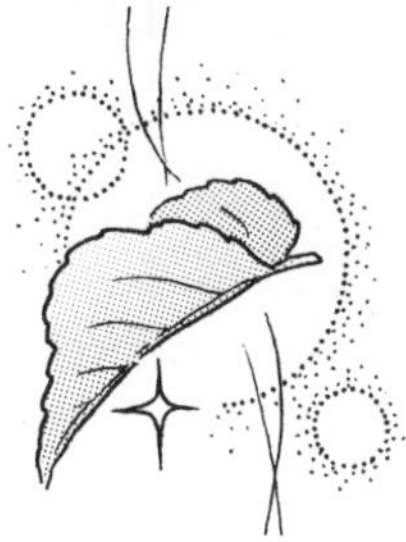

外《と》にも出《で》よ
触《ふ》るるばかりに春《はる》の月《つき》

中村《なかむら》　汀女《ていじょ》

★書《か》き終《お》わったら、もう一度《いちど》、音読《おんどく》しましょう。

（令和二年度版　光村図書　国語　四下　はばたき「短歌・俳句に親しもう（二）」による）

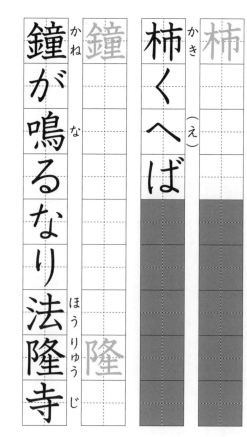

短歌《たんか》・俳句《はいく》に親《した》しもう（二）⑦

名前

俳句《はいく》を音読《おんどく》して、覚《おぼ》えましょう。また、俳句《はいく》を書《か》きましょう。

柿《かき》くへ（え）ば鐘《かね》が鳴《な》るなり法隆寺《ほうりゅうじ》

正岡《まさおか》　子規《しき》

桐《きり》一《ひと》葉《は》日《ひ》当《あ》たりながら落《お》ちにけり

高浜《たかはま》　虚子《きょし》

外《と》にも出《で》よ触《ふ》るるばかりに春《はる》の月《つき》

中村《なかむら》　汀女《ていじょ》

★書《か》き終《お》わったら、もう一度《いちど》、音読《おんどく》しましょう。

（令和二年度版　光村図書　国語　四下　はばたき「短歌・俳句に親しもう（二）」による）

短歌《たんか》・俳句《はいく》に親《した》しもう（二）⑧

名前

俳句《はいく》を暗唱《あんしょう》しましょう。覚《おぼ》えたら書《か》きましょう。

柿《かき》へ（え）

鐘《かね》鳴《な》

法隆寺《ほうりゅうじ》

正岡《まさおか》子規《しき》

桐《きり》ひとは

日《ひ》あ

落《お》

高浜《たかはま》虚子《きょし》

外《と》出《で》

触《ふ》ば

春《はる》つき

中村《なかむら》汀女《ていじょ》

★書《か》き終《お》わったら、もう一度《いちど》、音読《おんどく》しましょう。

（令和二年度版　光村図書　国語　四下　はばたき「短歌・俳句に親しもう（二）」による）

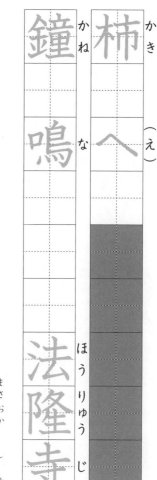

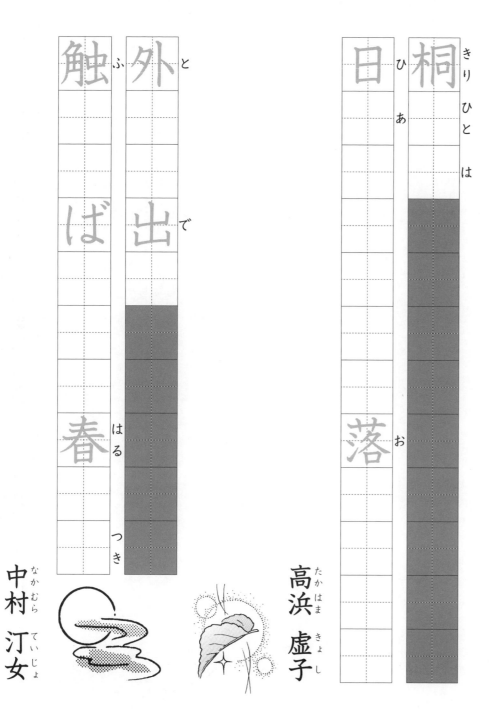

百人一首《ひゃくにんいっしゅ》の世界《せかい》　①

名前

短歌《たんか》を音読《おんどく》して、覚《おぼ》えましょう。また、短歌《たんか》を書《か》きましょう。

嵐《あらし》吹《ふ》く三室《みむろ》の山《やま》の
もみぢ《（じ）》葉《ば》は龍田《たつた》の川《かわ》の
錦《にしき》なりけり

能因法師《のういんほうし》

田子《たご》の浦《うら》に
うち出《い》でて見《み》れば
白妙《しろたえ》の富士《ふじ》の高嶺《たかね》に
雪《ゆき》は降《ふ》りつつ

山部赤人《やまべのあかひと》

★書《か》き終《お》わったら、もう一度《いちど》、音読《おんどく》しましょう。

（令和二年度版　東京書籍　新しい国語　四下「百人一首の世界」による）

百人一首《ひゃくにんいっしゅ》の世界《せかい》②

名前

短歌《たんか》を暗唱《あんしょう》しましょう。覚《おぼ》えたら書《か》きましょう。

嵐《あらし》吹《ふ》三《み》《むろ》山《やま》

もぢ（じ）《ば》龍田《たつた》《かわ》

錦《にしき》

能因法師《のういんほうし》

田子《たご》浦《うら》

うち出《い》見《み》

白妙《しろたえ》富士《ふじ》《たか》嶺《ね》

雪《ゆき》降《ふ》

山部赤人《やまべのあかひと》

★書《か》き終《お》わったら、もう一度《いちど》、音読《おんどく》しましょう。

（令和二年度版　東京書籍　新しい国語　四下「百人一首の世界」による）

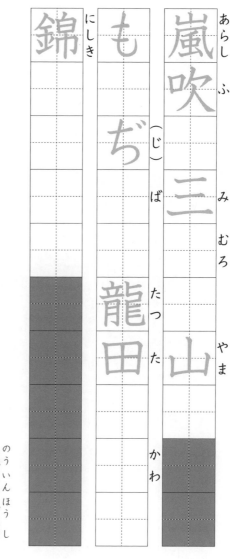

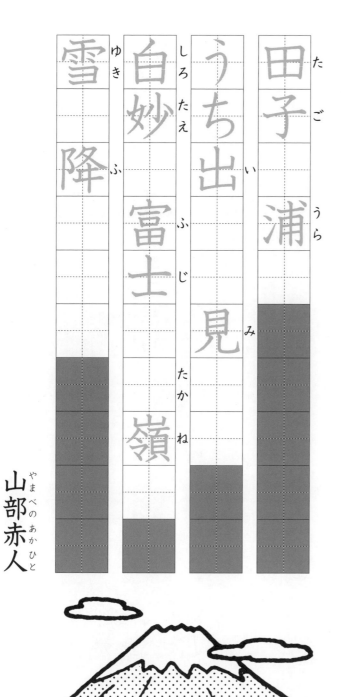

百人一首《ひゃくにんいっしゅ》の世界《せかい》 ③

名前

短歌《たんか》を音読《おんどく》して、覚《おぼ》えましょう。また、短歌《たんか》を書《か》きましょう。

奥山《おくやま》に紅葉《もみじ》踏《ふ》み分《わ》け
鳴《な》く鹿《しか》の声《こえ》聞《き》く時《とき》ぞ
秋《あき》は悲《かな》しき

猿丸大夫《さるまるだゆう》

天《あま》の原《はら》ふりさけ見《み》れば
春日《かすが》なる三笠《みかさ》の山《やま》に
出《い》でし月《つき》かも

安倍仲麿《あべのなかまろ》

★書《か》き終《お》わったら、もう一度《いちど》、音読《おんどく》しましょう。

（令和二年度版　東京書籍　新しい国語　四下「百人一首の世界」による）

百人一首《ひゃくにんいっしゅ》の世界《せかい》 ④

名前

短歌《たんか》を暗唱《あんしょう》しましょう。覚《おぼ》えたら書《か》きましょう。

奥《おく》　やま　紅葉《もみじ》踏《ふ》　わ
鳴《な》　鹿《しか》　声《こえ》　き　時《とき》
秋《あき》　悲《かな》

猿丸大夫《さるまるだゆう》

天《あま》　原《はら》ふ
春日《かすが》　三笠《みかさ》　やま
出《い》　月《つき》

安倍仲麿《あべのなかまろ》

★書《か》き終《お》わったら、もう一度《いちど》、音読《おんどく》しましょう。

（令和二年度版　東京書籍　新しい国語　四下「百人一首の世界」による）

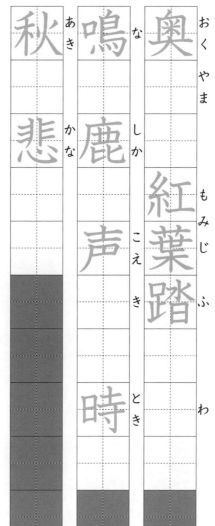

百人一首《ひゃくにんいっしゅ》の世界《せかい》　⑤

名前

短歌《たんか》を音読《おんどく》して、覚《おぼ》えましょう。また、短歌《たんか》を書《か》きましょう。

久方《ひさかた》の光《ひかり》のどけき
春《はる》の日《ひ》にしづ（ず）心《ごころ》なく
花《はな》の散《ち》るらむ（ん）

紀友則《きのとものり》

人《ひと》はいさ心《こころ》も知《し》らず
古里《ふるさと》は花《はな》ぞ昔《むかし》の
香《か》ににほ（お）ひ（い）ける

紀貫之《きのつらゆき》

★書《か》き終《お》わったら、もう一度《いちど》、音読《おんどく》しましょう。

（令和二年度版　東京書籍　新しい国語　四下「百人一首の世界」による）

百人一首《ひゃくにんいっしゅ》の世界《せかい》 ⑥

名前

短歌《たんか》を暗唱《あんしょう》しましょう。覚《おぼ》えたら書《か》きましょう。

久《ひさかた》光《ひかり》ど
春《はる》 ひ し（ず）づ心《ごころ》
花《はな》散《ち》（ん）む

紀友則《きのとものり》

人《ひと》心《こころ》知《し》
古里《ふるさと》花《はな》 むかし
香《か》に（お）ほ（い）ひ

紀貫之《きのつらゆき》

★書《か》き終《お》わったら、もう一度《いちど》、音読《おんどく》しましょう。

（令和二年度版　東京書籍　新しい国語　四下「百人一首の世界」による）

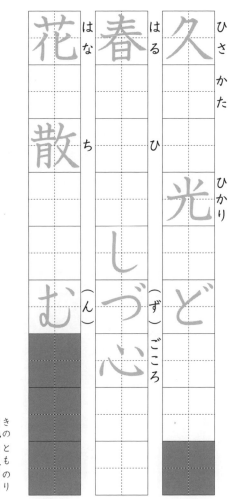

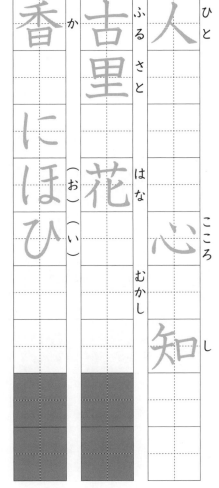

百人一首《ひゃくにんいっしゅ》の世界《せかい》 ⑦

名前

短歌《たんか》を音読《おんどく》して、覚《おぼ》えましょう。また、短歌《たんか》を書《か》きましょう。

秋風《あきかぜ》にたなびく雲《くも》の
絶《た》え間《ま》よりもれ出《い》づ《（ず）》る月《つき》の
影《かげ》のさやけさ

左京大夫顕輔《さきょうのだいぶあきすけ》

ほととぎす鳴《な》きつる方《かた》を
ながむればただ有明《ありあけ》の
月《つき》ぞ残《のこ》れる

後徳大寺左大臣《ごとくだいじのさだいじん》

★書《か》き終《お》わったら、もう一度《いちど》、音読《おんどく》しましょう。

（令和二年度版　東京書籍　新しい国語　四下「百人一首の世界」による）

百人一首《ひゃくにんいっしゅ》の世界《せかい》 ⑧

名前

短歌《たんか》を暗唱《あんしょう》しましょう。覚《おぼ》えたら書《か》きましょう。

秋《あきかぜ》た雲《くも》
絶《たま》も出《い》づ（ず）月《つき》
影《かげ》さ

左京大夫顕輔《さきょうのだいぶあきすけ》

ほ鳴《な》方《かた》
なた有明《ありあけ》
月《つき》残《のこ》

後徳大寺左大臣《ごとくだいじのさだいじん》

★書《か》き終《お》わったら、もう一度《いちど》、音読《おんどく》しましょう。

（令和二年度版　東京書籍　新しい国語　四下「百人一首の世界」による）

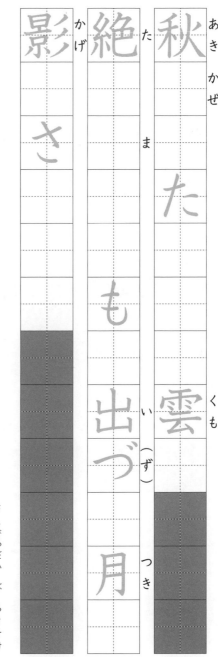

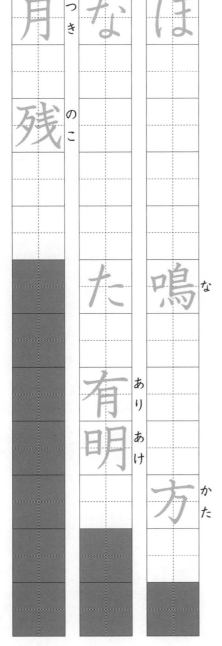

百《ひゃく》人《にん》一《いっ》首《しゅ》の世《せ》界《かい》 ⑨

名前

短歌《たんか》を音読《おんどく》して、覚《おぼ》えましょう。また、短歌《たんか》を書《か》きましょう。

あしびきの山鳥《やまどり》の尾《お》の
しだり尾《お》のながながし夜《よ》を
ひとりかもねん
柿本《かきのもとの》 人麻呂《ひとまろ》

しのぶれど色《いろ》にいでにけり
わがこいはものや思《おも》うと
人《ひと》の問《と》うまで
平《たいらの》 兼盛《かねもり》

夕《ゆう》されば門田《かどた》の稲葉《いなば》
おとずれてあしのまろやに
秋風《あきかぜ》ぞふく
源《みなもとの》 経信《つねのぶ》

★書《か》き終《お》わったら、もう一度《いちど》、音読《おんどく》しましょう。

（令和二年度版　教育出版　ひろがる言葉　小学国語　四下　『「百人一首」を読もう』による）

百人一首《ひゃくにんいっしゅ》の世界《せかい》 ⑩

名前

短歌《たんか》を暗唱《あんしょう》しましょう。覚《おぼ》えたら書《か》きましょう。

あ　山《やまどり》　尾《お》
し　尾《お》　な　夜《よ》
ひ　か

柿本《かきのもとの》 人麻呂《ひとまろ》

し　色《いろ》　い
わ　も　思《おも》
人《ひと》　問《と》

平《たいらの》 兼盛《かねもり》

夕《ゆう》　門田《かどた》　稲葉《いなば》
お　あ　ま
秋《あきかぜ》　ふ

源《みなもとの》 経信《つねのぶ》

★書《か》き終《お》わったら、もう一度《いちど》、音読《おんどく》しましょう。

（令和二年度版　教育出版　ひろがる言葉　小学国語　四下　『「百人一首」を読もう』による）

ウナギのなぞを追《お》って ①

名前

文章《ぶんしょう》を音読《おんどく》してから、書《か》き写《うつ》しましょう。

たまごを産《う》む場所《ばしょ》をさがす調査《ちょうさ》は、より小《ちい》さいウナギを追《お》い求《もと》めることから始《はじ》まりました。調査《ちょうさ》では、目《め》の細《こま》かい大《おお》きなあみを使《つか》って、海《うみ》の生《い》き物《もの》を集《あつ》める作《さ》

★書《か》き終《お》わったら、もう一度《いちど》、音読《おんどく》しましょう。

（令和二年度版　光村図書　国語　四下　はばたき　塚本　勝巳）

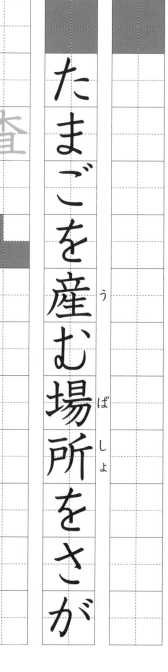

ウナギのなぞを追《お》って　②

名前

文章《ぶんしょう》を音読《おんどく》してから、書《か》き写《うつ》しましょう。

業《ぎょう》をくり返《かえ》します。あみの中《なか》には、さまざまな色《いろ》や形《かたち》の小《ちい》さな生《い》き物《もの》が入《はい》ります。この中《なか》から、レプトセファルスとよばれる、ウナギの赤《あか》ちゃんをさがすのです。

★書《か》き終《お》わったら、もう一度《いちど》、音読《おんどく》しましょう。

（令和二年度版　光村図書　国語　四下　はばたき　塚本　勝巳）

ウナギのなぞを追《お》って ③

名前

文章《ぶんしょう》を音読《おんどく》してから、書《か》き写《うつ》しましょう。

二《に》〇〇《せん》九《きゅう》年《ねん》五《ご》月《がつ》二《に》十《じゅう》二《に》日《にち》、新月《しんげつ》の二日《ふつか》前《まえ》の明《あ》け方《がた》、ついにそのしゅんかんは、やって来《き》ました。ウナギのたまごらしいものが二《ふた》つとれたのです。大《おお》きさは、ほんの一《いっ》・《てん》六《ろく》ミリ

★書《か》き終《お》わったら、もう一度《いちど》、音読《おんどく》しましょう。

（令和二年度版　光村図書　国語　四下　はばたき　塚本　勝巳）

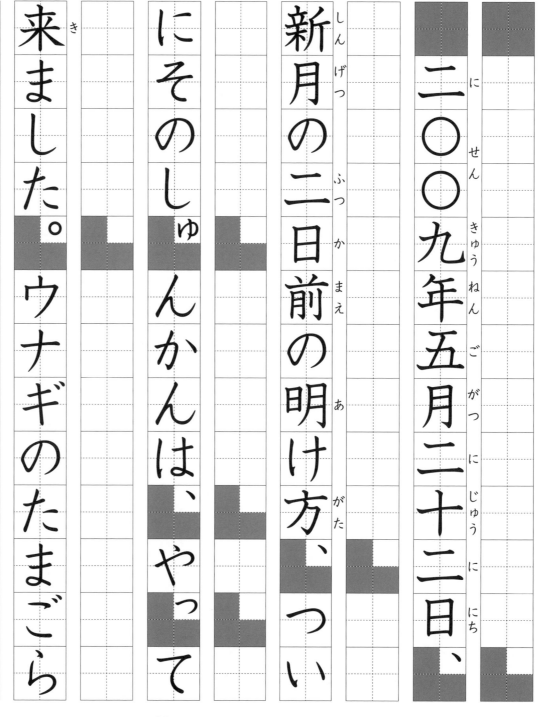

ウナギのなぞを追《お》って ④

名前

文章《ぶんしょう》を音読《おんどく》してから、書《か》き写《うつ》しましょう。

メートル。船内《せんない》は、期待《きたい》と
こうふんに包《つつ》まれました。
船《ふね》の研究室《けんきゅうしつ》のモニターにう
つし出《だ》されているたまごは、
にじ色《いろ》にかがやいていまし
た。

★書《か》き終《お》わったら、もう一度《いちど》、音読《おんどく》しましょう。

（令和二年度版　光村図書　国語　四下　はばたき　塚本　勝巳）

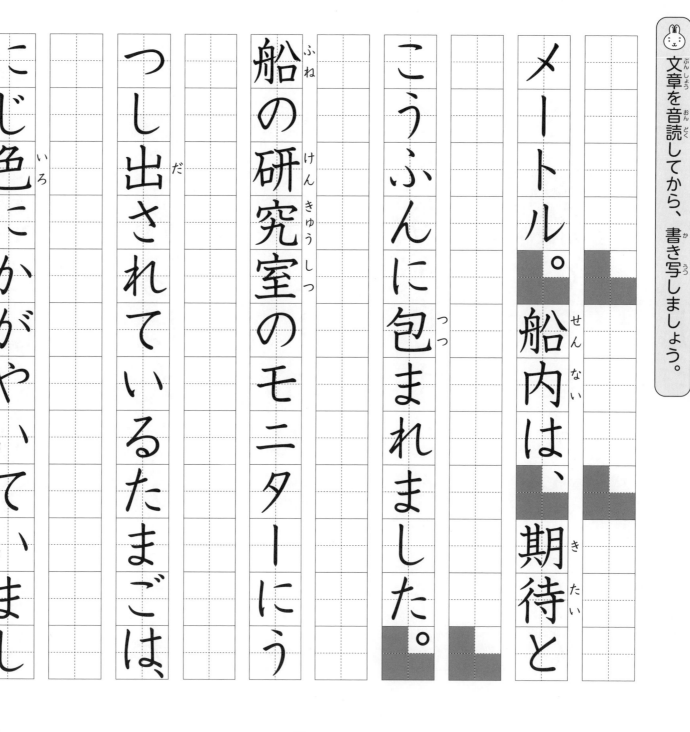

ウナギのなぞを追《お》って ⑤

名前

文章《ぶんしょう》を音読《おんどく》してから、書《か》き写《うつ》しましょう。

さらにくわしく調《しら》べてみると、これらはたしかにウナギのたまごにまちがいないことが分《わ》かりました。そのとき、船《ふね》の中《なか》に大《おお》きなかんせいがあがりました。

★書《か》き終《お》わったら、もう一度《いちど》、音読《おんどく》しましょう。

（令和二年度版　光村図書　国語　四下　はばたき　塚本　勝巳）

ウナギのなぞを追《お》って ⑥

名前

文章《ぶんしょう》を音読《おんどく》してから、書《か》き写《うつ》しましょう。

ついに、わたしたちは、ウ
ナギがたまごを産《う》む場所《ばしょ》に
たどり着《つ》くことができたの
です。初《はじ》めて調査《ちょうさ》に加《くわ》わっ
たときから、三《さん》十《じゅう》六《ろく》年《ねん》の年《ねん》
月《げつ》が流《なが》れていました。

★書《か》き終《お》わったら、もう一度《いちど》、音読《おんどく》しましょう。

（令和二年度版　光村図書　国語　四下　はばたき　塚本　勝巳）

初雪《はつゆき》のふる日《ひ》　①

名前

文章《ぶんしょう》を音読《おんどく》してから、書《か》き写《うつ》しましょう。

「ふぶきになるわ。」と、
「ふぶきになるわ。」と、
女の子は思いました。
女《おんな》の子《こ》は思《おも》いました。
「もう帰ろうかな。」
「もう帰《かえ》ろうかな。」
そうつぶやいたときです。
そうつぶやいたときです。
後ろで、こんな声がしまし
後《うし》ろで、こんな声《こえ》がしまし
た。
た。

★書《か》き終《お》わったら、もう一度《いちど》、音読《おんどく》しましょう。

（令和二年度版　光村図書　国語　四下　はばたき　安房　直子）

初雪《はつゆき》のふる日《ひ》 ②

名前

文章《ぶんしょう》を音読《おんどく》してから、書《か》き写《うつ》しましょう。

「ふぶきになるわ。」と、
女《おんな》の子《こ》は思《おも》いました。

「もう帰《かえ》ろうかな。」

そうつぶやいたときです。

後《うし》ろで、こんな声《こえ》がしました。

★書《か》き終《お》わったら、もう一度《いちど》、音読《おんどく》しましょう。

（令和二年度版　光村図書　国語　四下　はばたき　安房　直子）

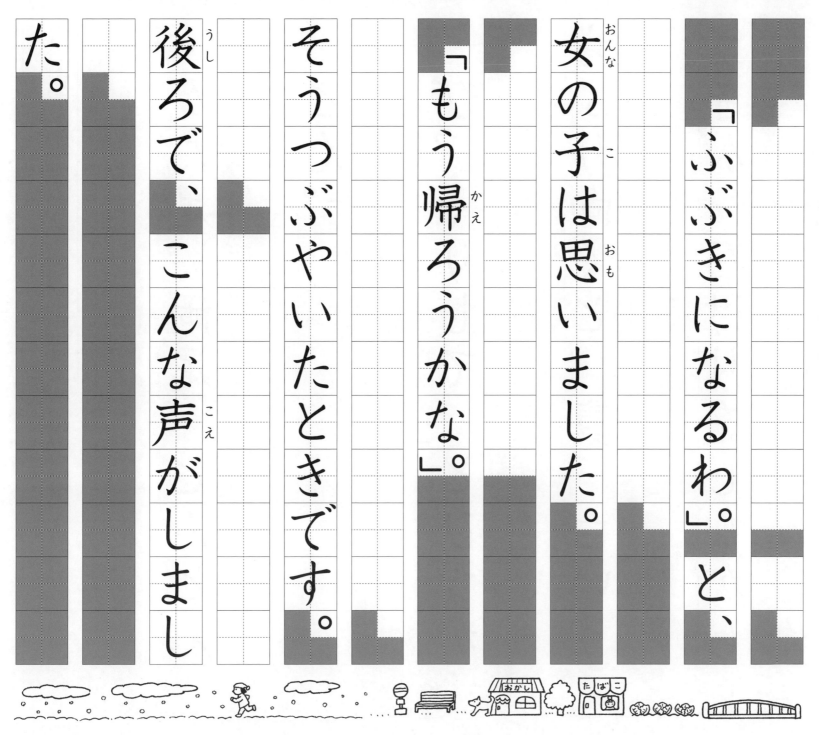

初雪《はつゆき》のふる日《ひ》 ③

名前

文章《ぶんしょう》を音読《おんどく》してから、書《か》き写《うつ》しましょう。

「かた足、両足、とんとん
「かた足《あし》、両足《りょうあし》、とんとん
とん。」
とん。」
びっくりして、とびなが
びっくりして、とびなが
らふり向くと、真っ白いう
らふり向《む》くと、真《ま》っ白《しろ》いう
さぎが、石けりをしながら
さぎが、石《いし》けりをしながら
女の子の後を追いかけてく
女《おんな》の子《こ》の後《あと》を追《お》いかけてく

★書《か》き終《お》わったら、もう一度《いちど》、音読《おんどく》しましょう。

（令和二年度版　光村図書　国語　四下　はばたき　安房　直子）

初雪《はつゆき》のふる日《ひ》 ④

名前

文章《ぶんしょう》を音読《おんどく》してから、書《か》き写《うつ》しましょう。

「かた足《あし》、両足《りょうあし》、とんとんとん。」びっくりして、とびながらふり向《む》くと、真《ま》っ白《しろ》いうさぎが、石《いし》けりをしながら女《おんな》の子《こ》の後《あと》を追《お》いかけてく

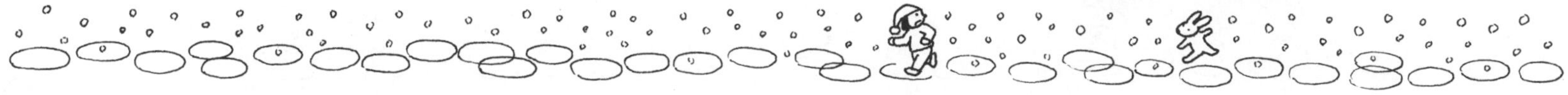

★書《か》き終《お》わったら、もう一度《いちど》、音読《おんどく》しましょう。

（令和二年度版　光村図書　国語　四下　はばたき　安房　直子）

初雪《はつゆき》のふる日《ひ》 ⑤

文章《ぶんしょう》を音読《おんどく》してから、書《か》き写《うつ》しましょう。

名前

るじゃありませんか。
るじゃありませんか。
「かた足、両足、とんとん
「かた足《あし》、両足《りょうあし》、とんとん
とん――」。
とん――」。
よくよく見ると、その後
よくよく見《み》ると、その後《うし》
ろにも白うさぎ、そのまた
ろにも白《しろ》うさぎ、そのまた
後ろにも白うさぎ――。
後《うし》ろにも白《しろ》うさぎ――。

★書《か》き終《お》わったら、もう一度《いちど》、音読《おんどく》しましょう。

（令和二年度版　光村図書　国語　四下　はばたき　安房　直子）

初雪《はつゆき》のふる日《ひ》 ⑥

名前

文章《ぶんしょう》を音読《おんどく》してから、書《か》き写《うつ》しましょう。

るじゃありませんか。

「かた足《あし》、両足《りょうあし》、とんとん

とん――」。

よくよく見《み》ると、その後《うし》

ろにも白《しろ》うさぎ、そのまた

後《うし》ろにも白《しろ》うさぎ――。

★書《か》き終《お》わったら、もう一度《いちど》、音読《おんどく》しましょう。

（令和二年度版　光村図書　国語　四下　はばたき　安房　直子）

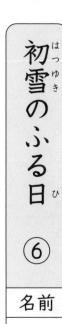

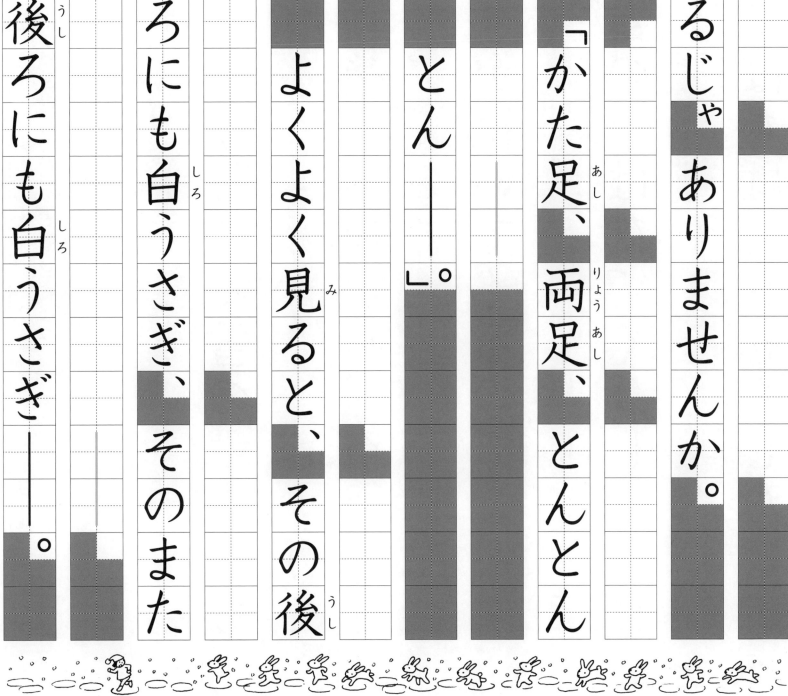

初雪《はつゆき》のふる日《ひ》 ⑦

名前

文章《ぶんしょう》を音読《おんどく》してから、書《か》き写《うつ》しましょう。

ふりしきる雪の中を、もう後から後から、白いうさぎが続いてくるのでした。女の子はびっくりして、目をぱちぱちさせました。

ふりしきる雪《ゆき》の中《なか》を、もう後《あと》から後《あと》から、白《しろ》いうさぎが続《つづ》いてくるのでした。女《おんな》の子《こ》はびっくりして、目《め》をぱちぱちさせました。

★書《か》き終《お》わったら、もう一度《いちど》、音読《おんどく》しましょう。

（令和二年度版　光村図書　国語　四下　はばたき　安房　直子）

初雪《はつゆき》のふる日《ひ》 ⑧

名前

文章《ぶんしょう》を音読《おんどく》してから、書《か》き写《うつ》しましょう。

ふりしきる雪《ゆき》の中《なか》を、もう後《あと》から後《あと》から、白《しろ》いうさぎが続《つづ》いてくるのでした。

女《おんな》の子《こ》はびっくりして、目《め》をぱちぱちさせました。

★書《か》き終《お》わったら、もう一度《いちど》、音読《おんどく》しましょう。

（令和二年度版　光村図書　国語　四下　はばたき　安房　直子）

初雪《はつゆき》のふる日《ひ》 ⑨

名前

文章《ぶんしょう》を音読《おんどく》してから、書《か》き写《うつ》しましょう。

すると、今度は前で声がし
すると、今度《こんど》は前《まえ》で声《こえ》がし
ました。
ました。
「後ろから来るのは白うさ
「後《うし》ろから来《く》るのは白《しろ》うさ
ぎ、前をゆくのも白うさ
ぎ、前《まえ》をゆくのも白《しろ》うさ
ぎ、かた足、両足、とん
ぎ、かた足《あし》、両足《りょうあし》、とん
とんとん。」
とんとん。」

★書《か》き終《お》わったら、もう一度《いちど》、音読《おんどく》しましょう。

（令和二年度版　光村図書　国語　四下　はばたき　安房　直子）

初雪《はつゆき》のふる日《ひ》 ⑩

名前

文章《ぶんしょう》を音読《おんどく》してから、書《か》き写《うつ》しましょう。

すると、今度《こんど》は前《まえ》で声《こえ》がし
ました。
「後《うし》ろから来《く》るのは白《しろ》うさ
ぎ、前《まえ》をゆくのも白《しろ》うさ
ぎ、かた足《あし》、両足《りょうあし》、とん
とんとん。」

★書《か》き終《お》わったら、もう一度《いちど》、音読《おんどく》しましょう。

（令和二年度版　光村図書　国語　四下　はばたき　安房　直子）

初雪《はつゆき》のふる日《ひ》 ⑪

名前

文章《ぶんしょう》を音読《おんどく》してから、書《か》き写《うつ》しましょう。

あわてて前を見ると、女の
あわてて前《まえ》を見《み》ると、女《おんな》の
子の前を、やっぱりたくさん
子《こ》の前《まえ》を、やっぱりたくさん
のうさぎが、一列になってと
のうさぎが、一列《いちれつ》になってと
んでゆくのでした。
んでゆくのでした。
「うわあ、ちっとも知らな
「うわあ、ちっとも知《し》らな
かった。」
かった。」

★書《か》き終《お》わったら、もう一度《いちど》、音読《おんどく》しましょう。

（令和二年度版　光村図書　国語　四下　はばたき　安房　直子）

初雪《はつゆき》のふる日《ひ》 ⑫

名前

文章《ぶんしょう》を音読《おんどく》してから、書《か》き写《うつ》しましょう。

あわてて前《まえ》を見《み》ると、女《おんな》の子《こ》の前《まえ》を、やっぱりたくさんのうさぎが、一列《いちれつ》になってとんでゆくのでした。

「うわあ、ちっとも知《し》らなかった。」

★書《か》き終《お》わったら、もう一度《いちど》、音読《おんどく》しましょう。

（令和二年度版　光村図書　国語　四下　はばたき　安房　直子）

ごんぎつね ①

文章《ぶんしょう》を音読《おんどく》してから、書《か》き写《うつ》しましょう。

名前

そのとき兵十は、
そのとき兵十《ひょうじゅう》は、
ふと顔を上げました。
ふと顔《かお》を上《あ》げました。
と、きつねがうちの
と、きつねがうちの
中へ入ったではあり
中《なか》へ入《はい》ったではあり
ませんか。
ませんか。

★書《か》き終《お》わったら、もう一度《いちど》、音読《おんどく》しましょう。

（令和二年度版 光村図書 国語 四下 はばたき 新美 南吉）
※「ごんぎつね」の教材は、令和二年度版 東京書籍 新しい国語 四下、教育出版 ひろがる言葉 小学国語 四下 にも掲載されています。

ごんぎつね　②

名前

文章《ぶんしょう》を音読《おんどく》してから、書《か》き写《うつ》しましょう。

そのとき兵十《ひょうじゅう》は、ふと顔《かお》を上《あ》げました。と、きつねがうちの中《なか》へ入《はい》ったではありませんか。

★書《か》き終《お》わったら、もう一度《いちど》、音読《おんどく》しましょう。

(令和二年度版　光村図書　国語　四下　はばたき　新美　南吉)
※「ごんぎつね」の教材は、令和二年度版　東京書籍　新しい国語　四下、教育出版　ひろがる言葉　小学国語　四下　にも掲載されています。

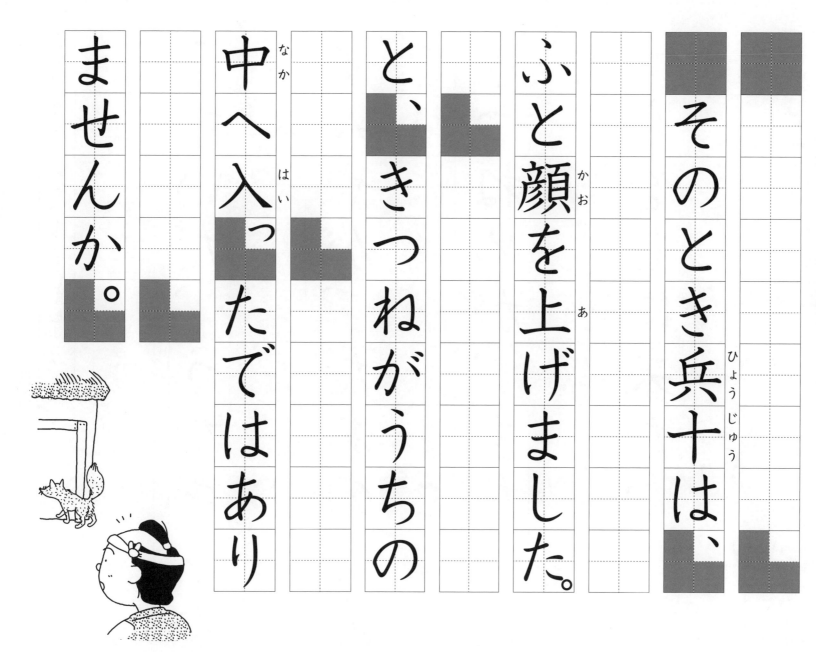

ごんぎつね　③

名前

文章《ぶんしょう》を音読《おんどく》してから、書《か》き写《うつ》しましょう。

こないだ、うなぎをぬ
こないだ、うなぎをぬ
すみやがったあのごん
すみやがったあのごん
ぎつねめが、またいた
ぎつねめが、またいた
ずらをしに来たな。
ずらをしに来《き》たな。
「ようし。」
「ようし。」

★書《か》き終《お》わったら、もう一度《いちど》、音読《おんどく》しましょう。

（令和二年度版　光村図書　国語　四下　はばたき　新美　南吉）
※「ごんぎつね」の教材は、令和二年度版　東京書籍　新しい国語　四下、教育出版　ひろがる言葉　小学国語　四下　にも掲載されています。

ごんぎつね ④

名前

文章《ぶんしょう》を音読《おんどく》してから、書《か》き写《うつ》しましょう。

こないだ、うなぎをぬ
すみやがったあのごん
ぎつねめが、またいた
ずらをしに来《き》たな。
「ようし。」

★書《か》き終《お》わったら、もう一度《いちど》、音読《おんどく》しましょう。

（令和二年度版　光村図書　国語　四下　はばたき　新美　南吉）
※「ごんぎつね」の教材は、令和二年度版　東京書籍　新しい国語　四下、教育出版　ひろがる言葉　小学国語　四下　にも掲載されています。

ごんぎつね ⑤

名前

文章《ぶんしょう》を音読《おんどく》してから、書《か》き写《うつ》しましょう。

兵十は立ち上がって、な
兵十《ひょうじゅう》は立《た》ち上《あ》がって、な
やにかけてある火縄じゅう
やにかけてある火縄《ひなわ》じゅう
を取って、火薬をつめまし
を取《と》って、火薬《かやく》をつめまし
た。そして、足音をしのば
た。そして、足音《あしおと》をしのば
せて近よって、今、戸口を
せて近《ちか》よって、今《いま》、戸口《とぐち》を
出ようとするごんを、ドン
出《で》ようとするごんを、ドン

★書《か》き終《お》わったら、もう一度《いちど》、音読《おんどく》しましょう。

(令和二年度版 光村図書 国語 四下 はばたき 新美 南吉)
※「ごんぎつね」の教材は、令和二年度版 東京書籍 新しい国語 四下、教育出版 ひろがる言葉 小学国語 四下 にも掲載されています。

ごんぎつね ⑥

名前

文章《ぶんしょう》を音読《おんどく》してから、書《か》き写《うつ》しましょう。

兵十《ひょうじゅう》は立《た》ち上《あ》がって、な
やにかけてある火縄《ひなわ》じゅう
を取《と》って、火薬《かやく》をつめまし
た。そして、足音《あしおと》をしのば
せて近《ちか》よって、今《いま》、戸口《とぐち》を
出《で》ようとするごんを、ドン

（令和二年度版 光村図書 国語 四下 はばたき 新美 南吉）

※「ごんぎつね」の教材は、令和二年度版 東京書籍 新しい国語 四下、教育出版 ひろがる言葉 小学国語 四下 にも掲載されています。

★書《か》き終《お》わったら、もう一度《いちど》、音読《おんどく》しましょう。

ごんぎつね ⑦

文章《ぶんしょう》を音読《おんどく》してから、書《か》き写《うつ》しましょう。

名前

とうちました。
とうちました。
ごんは、ばたりとた
ごんは、ばたりとた
おれました。
おれました。
兵十はかけよってき
兵十《ひょうじゅう》はかけよってき
ました。うちの中を見
ました。うちの中《なか》を見《み》

★書《か》き終《お》わったら、もう一度《いちど》、音読《おんどく》しましょう。

（令和二年度版　光村図書　国語　四下　はばたき　新美　南吉）
※「ごんぎつね」の教材は、令和二年度版　東京書籍　新しい国語　四下、教育出版　ひろがる言葉　小学国語　四下　にも掲載されています。

ごんぎつね ⑧

文章《ぶんしょう》を音読《おんどく》してから、書《か》き写《うつ》しましょう。

名前

とうちました。

ごんは、ばたりとたおれました。

兵十《ひょうじゅう》はかけよってきました。

うちの中《なか》を見《み》

★書《か》き終《お》わったら、もう一度《いちど》、音読《おんどく》しましょう。

（令和二年度版　光村図書　国語　四下　はばたき　新美　南吉）
※「ごんぎつね」の教材は、令和二年度版　東京書籍　新しい国語　四下、教育出版　ひろがる言葉　小学国語　四下　にも掲載されています。

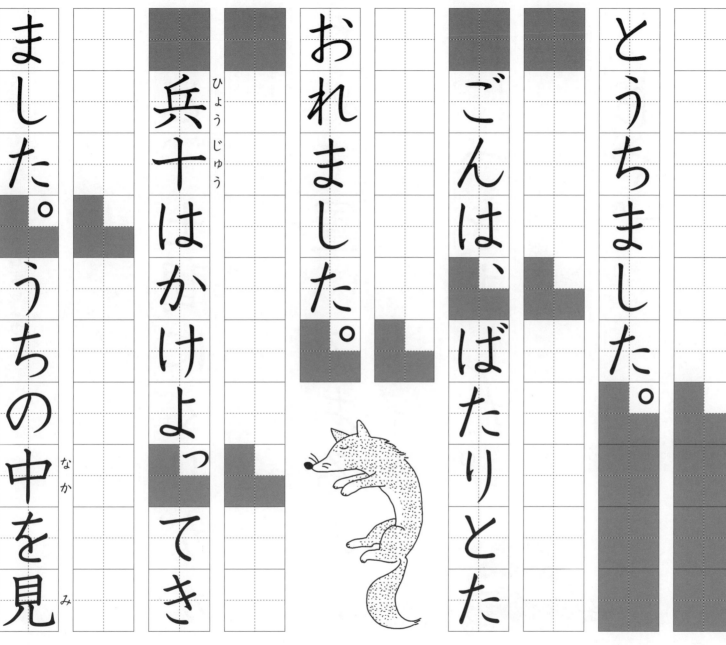

ごんぎつね ⑨

文章《ぶんしょう》を音読《おんどく》してから、書《か》き写《うつ》しましょう。

名前

ると、土間にくりがか
ると、土間《どま》にくりがか
ためて置いてあるのが、
ためて置《お》いてあるのが、
目につきました。
目《め》につきました。
「おや。」
「おや。」
と、兵十はびっくりし
と、兵十《ひょうじゅう》はびっくりし

★書《か》き終《お》わったら、もう一度《いちど》、音読《おんどく》しましょう。

（令和二年度版　光村図書　国語　四下　はばたき　新美　南吉）
※「ごんぎつね」の教材は、令和二年度版　東京書籍　新しい国語　四下、
教育出版　ひろがる言葉　小学国語　四下　にも掲載されています。

ごんぎつね ⑩

名前

文章《ぶんしょう》を音読《おんどく》してから、書《か》き写《うつ》しましょう。

ると、土間《どま》にくりがか
ためて置《お》いてあるのが、
目《め》につきました。
「おや。」
と、兵十《ひょうじゅう》はびっくりし

★書《か》き終《お》わったら、もう一度《いちど》、音読《おんどく》しましょう。

（令和二年度版　光村図書　国語　四下　はばたき　新美　南吉）
※「ごんぎつね」の教材は、令和二年度版　東京書籍　新しい国語　四下、教育出版　ひろがる言葉　小学国語　四下　にも掲載されています。

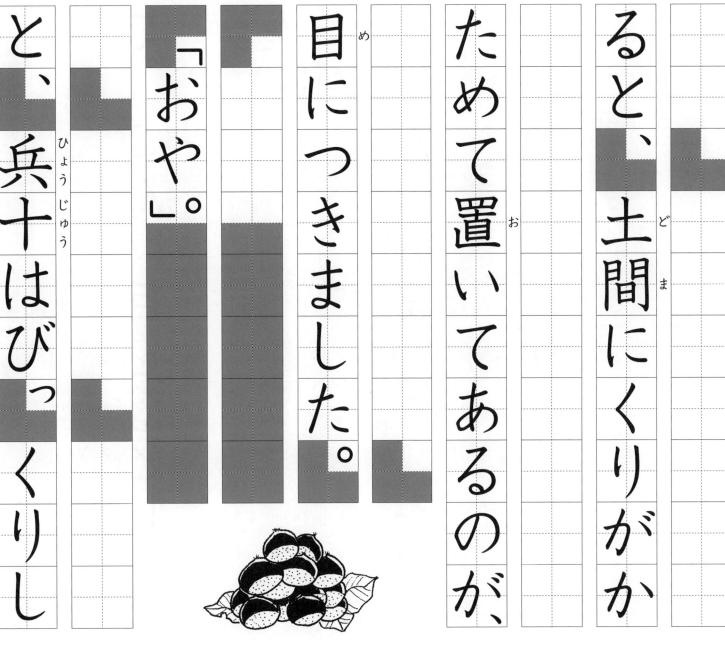

ごんぎつね ⑪

名前

文章《ぶんしょう》を音読《おんどく》してから、書《か》き写《うつ》しましょう。

て、ごんに目を落としまし
た。

て、ごんに目《め》を落《お》としまし
た。

「ごん、おまいだったのか、
「ごん、おまい（おまえ）だったのか、

いつも、くりをくれたの
いつも、くりをくれたの

は」。
は」。

ごんは、ぐったりと目を
ごんは、ぐったりと目《め》を

★書《か》き終《お》わったら、もう一度《いちど》、音読《おんどく》しましょう。

（令和二年度版　光村図書　国語　四下　はばたき　新美　南吉）
※「ごんぎつね」の教材は、令和二年度版　東京書籍　新しい国語　四下、教育出版　ひろがる言葉　小学国語　四下　にも掲載されています。

ごんぎつね ⑫

名前

文章《ぶんしょう》を音読《おんどく》してから、書《か》き写《うつ》しましょう。

て、ごんに目《め》を落《お》としまし
た。
「ごん、おまい（おまえ）だったのか、
いつも、くりをくれたの
は。」
ごんは、ぐったりと目《め》を

★書《か》き終《お》わったら、もう一度《いちど》、音読《おんどく》しましょう。

（令和二年度版　光村図書　国語　四下　はばたき　新美　南吉）
※「ごんぎつね」の教材は、令和二年度版　東京書籍　新しい国語　四下、教育出版　ひろがる言葉　小学国語　四下　にも掲載されています。

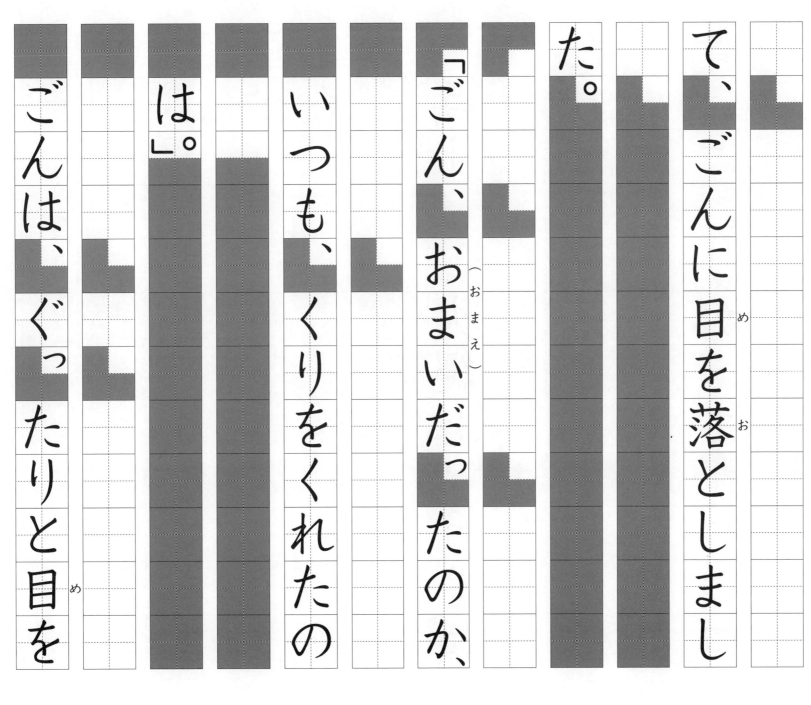

ごんぎつね ⑬

名前

文章《ぶんしょう》を音読《おんどく》してから、書《か》き写《うつ》しましょう。

つぶったまま、うなずきました。

つぶったまま、うなずきました。

兵十は、火縄じゅうをばたりと取り落としました。

兵十《ひょうじゅう》は、火縄《ひなわ》じゅうをばたりと取《と》り落《お》としました。

青いけむりが、まだつつ口から細く出ていました。

青《あお》いけむりが、まだつつ口《ぐち》から細《ほそ》く出《で》ていました。

（令和二年度版　光村図書　国語　四下　はばたき　新美　南吉）
※「ごんぎつね」の教材は、令和二年度版　東京書籍　新しい国語　四下、教育出版　ひろがる言葉　小学国語　四下　にも掲載されています。

★書《か》き終《お》わったら、もう一度《いちど》、音読《おんどく》しましょう。

ごんぎつね ⑭

文章《ぶんしょう》を音読《おんどく》してから、書《か》き写《うつ》しましょう。

名前

つぶったまま、うなずきました。

兵十《ひょうじゅう》は、火縄《ひなわ》じゅうをばたりと取《と》り落《お》としました。

青《あお》いけむりが、まだつつ口《ぐち》から細《ほそ》く出《で》ていました。

★書《か》き終《お》わったら、もう一度《いちど》、音読《おんどく》しましょう。

（令和二年度版　光村図書　国語　四下　はばたき　新美　南吉）
※「ごんぎつね」の教材は、令和二年度版　東京書籍　新しい国語　四下、教育出版　ひろがる言葉　小学国語　四下　にも掲載されています。

秋《あき》の楽《たの》しみ――九月《くがつ》の行事《ぎょうじ》 ①

名前

短歌《たんか》を音読《おんどく》してから、書《か》き写《うつ》しましょう。

たまくしげ
箱根《はこね》の山《やま》に
夜《よ》もすがら
薄《すすき》をてらす
月《つき》のさやけさ

斎藤《さいとう》 茂吉《もきち》

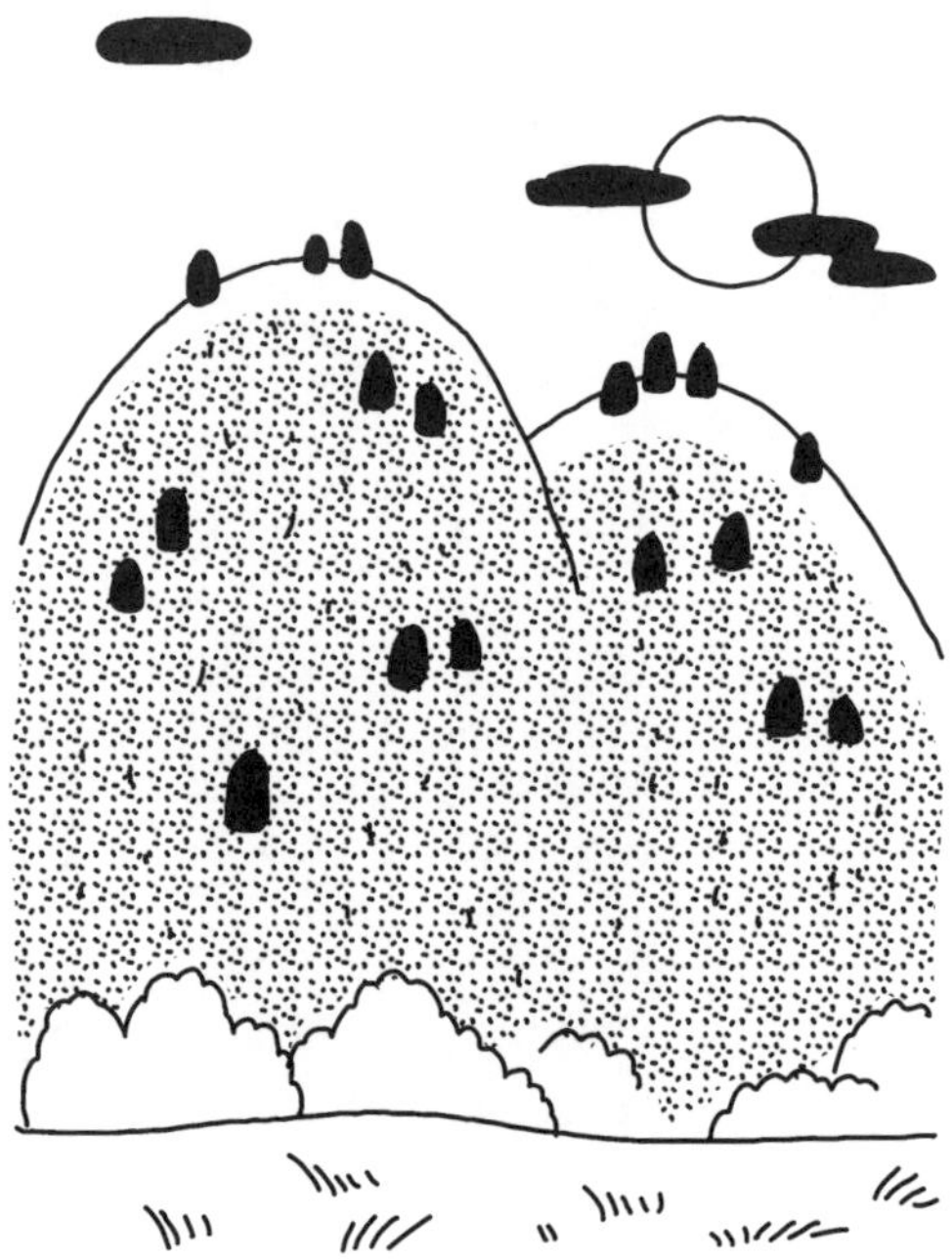

★書《か》き終《お》わったら、もう一度《いちど》、音読《おんどく》しましょう。

（令和二年度版 光村図書 国語 四下 はばたき「季節の言葉3 秋の楽しみ」による）

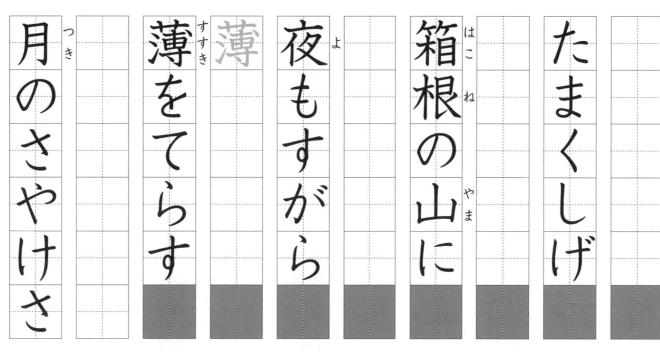

秋《あき》の楽《たの》しみ——九月《くがつ》の行事《ぎょうじ》 ②

名前

秋《あき》の七草《ななくさ》を音読《おんどく》して、覚《おぼ》えましょう。また、秋《あき》の七草《ななくさ》を書《か》きましょう。

はぎ

すすき

くず

ききょう

なでしこ

おみなえし

ふじばかま

★書《か》き終《お》わったら、もう一度《いちど》、音読《おんどく》しましょう。

秋《あき》の楽《たの》しみ——十月《じゅうがつ》の行事《ぎょうじ》

名前

文章《ぶんしょう》を音読《おんどく》してから、書《か》き写《うつ》しましょう。

十月《じゅうがつ》には、十三夜《じゅうさんや》のお月《つき》見《み》をする。この時《とき》は、くりやえだ豆《まめ》をそなえるので、「くり名月《めいげつ》」「豆名月《まめめいげつ》」ともよばれる。

★書《か》き終《お》わったら、もう一度《いちど》、音読《おんどく》しましょう。

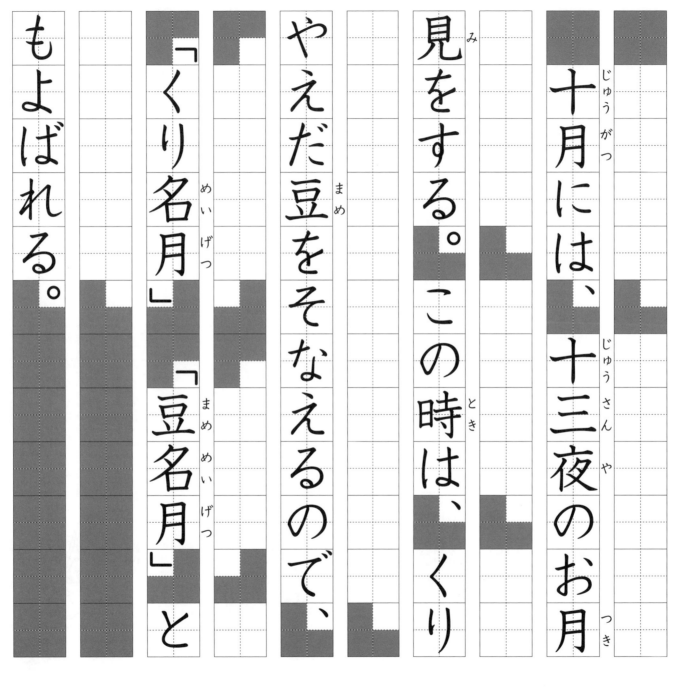

秋《あき》の楽《たの》しみ——十一月《じゅういちがつ》の行事《ぎょうじ》

名前

短歌《たんか》を音読《おんどく》してから、書《か》き写《うつ》しましょう。

ちはやぶる
神代《かみよ》も聞《き》かず
竜田川《たつたがわ》
から紅《くれない》に
水《みず》くくるとは

在原《ありわらの》　業平《なりひら》

★書《か》き終《お》わったら、もう一度《いちど》、音読《おんどく》しましょう。

（令和二年度版　光村図書　国語　四下　はばたき「季節の言葉3　秋の楽しみ」による）

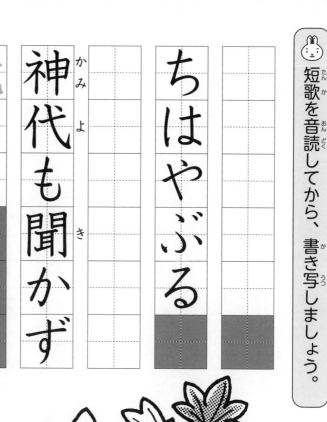

冬《ふゆ》の楽《たの》しみ——十二月《じゅうにがつ》の行事《ぎょうじ》

名前

文章《ぶんしょう》を音読《おんどく》してから、書《か》き写《うつ》しましょう。

至

冬至《とうじ》の日《ひ》には、かぼちゃを食《た》べて、ゆず湯《ゆ》に入《はい》ります。

もちつき

大《おお》みそか

年《とし》こしそば

大《おお》そうじ

すすはらい

★書《か》き終《お》わったら、もう一度《いちど》、音読《おんどく》しましょう。

冬《ふゆ》の楽《たの》しみ――一月《いちがつ》の行事《ぎょうじ》

名前

文章《ぶんしょう》を音読《おんどく》してから、書《か》き写《うつ》しましょう。

お正月《しょうがつ》には、おせちやぞうにを食《た》べます。

七日《なのか》には、七草《ななくさ》がゆを食《た》べます。

元旦《がんたん》

初日《はつひ》の出《で》

新春《しんしゅん》

初《はつ》ゆめ

★書《か》き終《お》わったら、もう一度《いちど》、音読《おんどく》しましょう。

冬《ふゆ》の楽《たの》しみ——二月《にがつ》の行事《ぎょうじ》

名前

俳句《はいく》を音読《おんどく》してから、書《か》き写《うつ》しましょう。

わがこゑ（え）のこれる耳《みみ》や福《ふく》は内《うち》

飯田《いいだ》蛇笏《だこつ》

立春《りっしゅん》

春一番《はるいちばん》

節分《せつぶん》

豆《まめ》まき

★書《か》き終《お》わったら、もう一度《いちど》、音読《おんどく》しましょう。

（令和二年度版　光村図書　国語　四下　はばたき「季節の言葉4　冬の楽しみ」による）

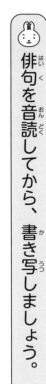

およぐ　①

名前

詩《し》を音読《おんどく》してから、書《か》き写《うつ》しましょう。

およぐ

谷川《たにかわ》　俊太郎《しゅんたろう》

みずがいやだって
ぼくないた
そしたら　めから
なみだがでてきた
へんだな　ぼくのなかにも
みずがある

★書《か》き終《お》わったら、もう一度《いちど》、音読《おんどく》しましょう。

（令和二年度版　光村図書　国語　四下　はばたき　谷川　俊太郎）

およぐ ②

名前

詩《し》を音読《おんどく》してから、書《か》き写《うつ》しましょう。

みずがこわいって
ぼくないた
そしたら
のどが
かわいてきて
―
へんだな
みずが
のみたくなっちゃった

★書《か》き終《お》わったら、もう一度《いちど》、音読《おんどく》しましょう。

（令和二年度版　光村図書　国語　四下　はばたき　谷川　俊太郎）

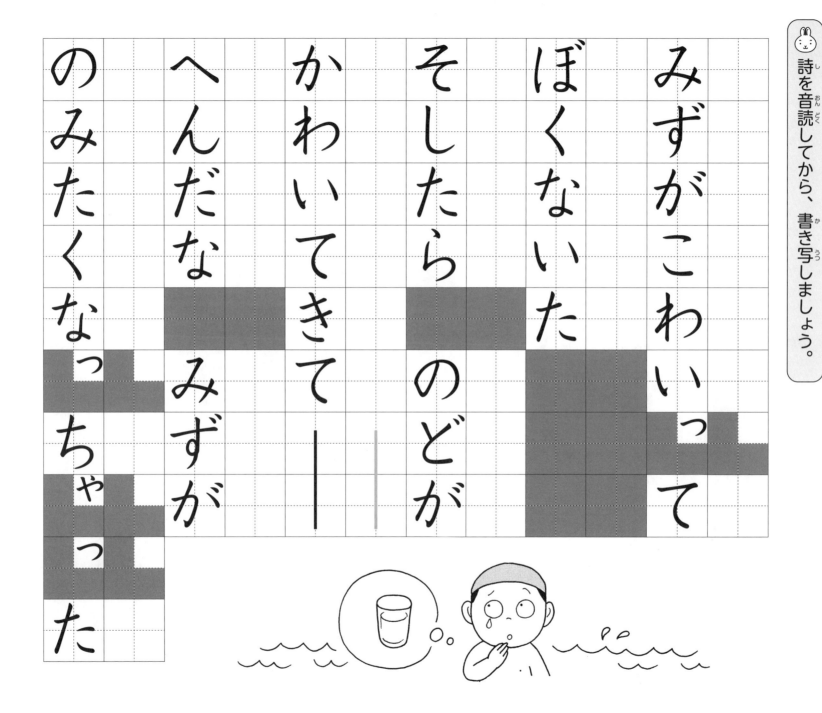

およぐ ③

名前

詩《し》を音読《おんどく》して、覚《おぼ》えましょう。また、詩《し》を書《か》きましょう。

およぐ

谷川《たにかわ》 俊太郎《しゅんたろう》

みずがいやだって
ぼくないた
そしたらめから
なみだがでてきた
へんだなぼくのなかにも
みずがある

みずがこわいって
ぼくないた
そしたらのどが
かわいてきてー
へんだなみずが
のみたくなっちゃった

★書《か》き終《お》わったら、もう一度《いちど》、音読《おんどく》しましょう。

（令和二年度版　光村図書　国語　四下　はばたき　谷川　俊太郎）

およぐ　④

名前

詩《し》を暗唱《あんしょう》しましょう。覚《おぼ》えたら書《か》きましょう。

およぐ

谷川《たにかわ》　俊太郎《しゅんたろう》

み　い
ぼ　ない
そ　め
な　で
へ　ぼ　な
み　あ

み　こ
ぼ　な
そ　の
か　き　ー
へ　み
の　な

★書《か》き終《お》わったら、もう一度《いちど》、音読《おんどく》しましょう。

（令和二年度版　光村図書　国語　四下　はばたき　谷川　俊太郎）

手紙《てがみ》 ①

名前

詩《し》を音読《おんどく》してから、書《か》き写《うつ》しましょう。

手紙《てがみ》

武鹿《ぶしか》 悦子《えつこ》

はなびらの手紙も
はなびらの手紙《てがみ》も
落葉の手紙も
落葉《おちば》の手紙《てがみ》も
おくりとどけたあと
おくりとどけたあと
川は
川《かわ》は
じぶんの果たした役割を
じぶんの果《は》たした役《やく》割《わり》を
そっと思いかえしている
そっと思《おも》いかえしている

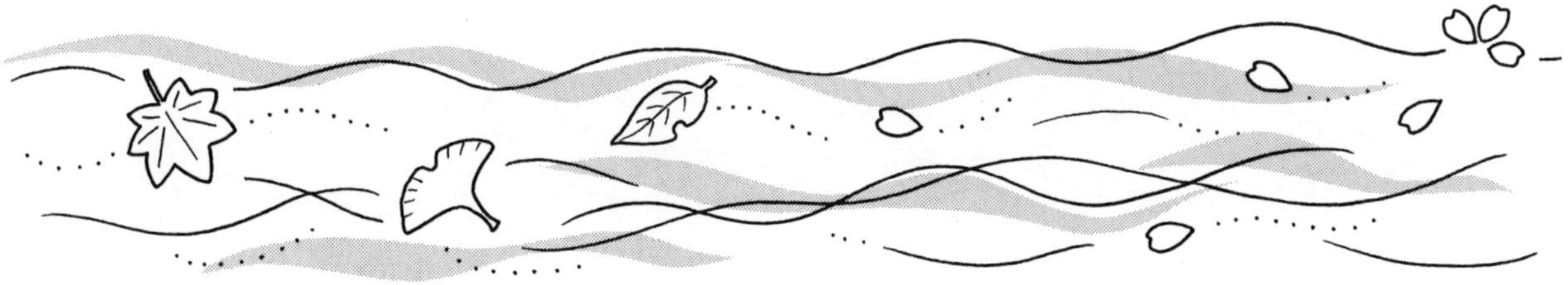

★書《か》き終《お》わったら、もう一度《いちど》、音読《おんどく》しましょう。

（令和二年度版　東京書籍　新しい国語　四下　武鹿　悦子）

手紙《てがみ》 ②

名前

詩《し》を音読《おんどく》してから、書《か》き写《うつ》しましょう。

手紙《てがみ》

武鹿《ぶしか》 悦子《えつこ》

はなびらの手紙《てがみ》も
落葉《おちば》の手紙《てがみ》も
おくりとどけたあと
川《かわ》は
じぶんの果《は》たした役割《やくわり》を
そっと思《おも》いかえしている

★書《か》き終《お》わったら、もう一度《いちど》、音読《おんどく》しましょう。

（令和二年度版　東京書籍　新しい国語　四下　武鹿　悦子）

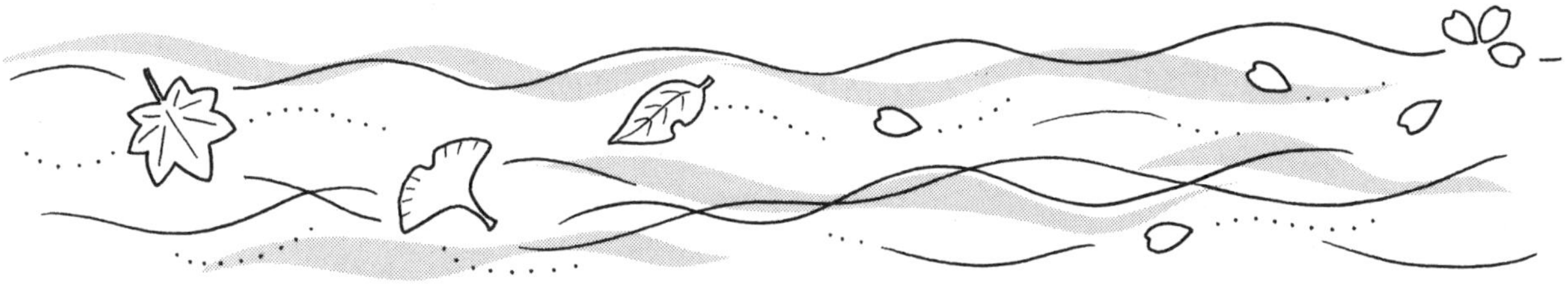

手《て》紙《がみ》 ③

詩《し》を音読《おんどく》してから、書《か》き写《うつ》しましょう。

名前

粉雪の手紙を

粉雪《こなゆき》の手紙《てがみ》を

まいにちまいにち

まいにちまいにち

受け取りながら

受《う》け取《と》りながら

★書《か》き終《お》わったら、もう一度《いちど》、音読《おんどく》しましょう。

（令和二年度版　東京書籍　新しい国語　四下　武鹿　悦子）

手紙《てがみ》 ④

詩《し》を音読《おんどく》してから、書《か》き写《うつ》しましょう。

名前

粉

粉雪《こなゆき》の手紙《てがみ》を
まいにちまいにち
受《う》け取《と》りながら

★書《か》き終《お》わったら、もう一度《いちど》、音読《おんどく》しましょう。

（令和二年度版　東京書籍　新しい国語　四下　武鹿　悦子）

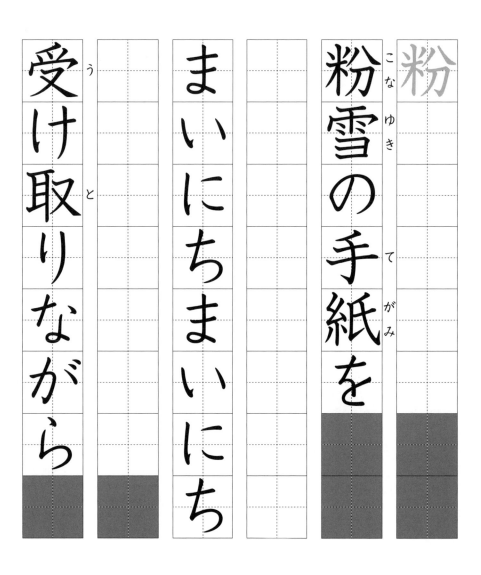

手紙《てがみ》 ⑤

名前

詩《し》を音読《おんどく》して、覚《おぼ》えましょう。また、詩《し》を書《か》きましょう。

手紙《てがみ》

武鹿《ぶしか》 悦子《えつこ》

はなびらの手紙《てがみ》も
落葉《おちば》の手紙《てがみ》も
おくりとどけたあと
川《かわ》は
じぶんの果《は》たした役割《やくわり》を
そっと思《おも》いかえしている
粉雪《こなゆき》の手紙《てがみ》を
まいにちまいにち
受《う》け取《と》りながら

★書《か》き終《お》わったら、もう一度《いちど》、音読《おんどく》しましょう。

（令和二年度版　東京書籍　新しい国語　四下　武鹿　悦子）

手紙《てがみ》 ⑥

名前

詩《し》を暗唱《あんしょう》しましょう。覚《おぼ》えたら書《か》きましょう。

手紙《てがみ》

武鹿《ぶしか》　悦子《えつこ》

は　　手紙《てがみ》

落《おち》　《ば》　手《て》　《がみ》

お　と　あ

川《かわ》

じ　果《は》　役割《やくわり》

そ　思《おも》　か

粉《こな》　《ゆき》　手《て》　《がみ》

ま　ま

受《う》　取《と》

★書《か》き終《お》わったら、もう一度《いちど》、音読《おんどく》しましょう。

（令和二年度版　東京書籍　新しい国語　四下　武鹿　悦子）

プラタナスの木《き》　①

名前

文章《ぶんしょう》を音読《おんどく》してから、書《か》き写《うつ》しましょう。

ある日《ひ》、おじいさんは不思《ふし》議《ぎ》なことを言《い》った。

「このプラタナスの木《き》が、さか立《だ》ちしているところを考《かんが》えたことがあるかい。」

「あらま。木《き》がさか立《だ》ち。」

★書《か》き終《お》わったら、もう一度《いちど》、音読《おんどく》しましょう。

（令和二年度版　光村図書　国語　四下　はばたき　椎名　誠）

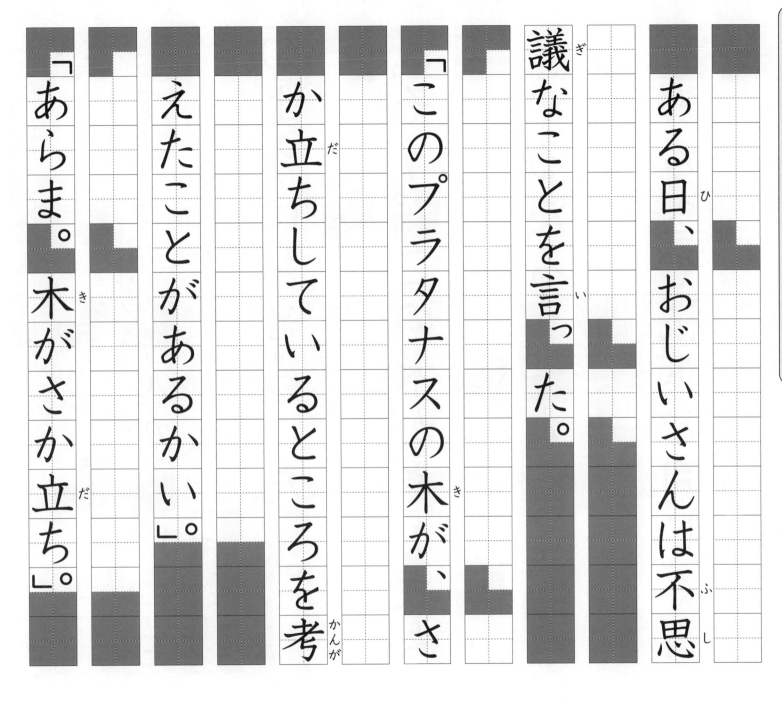

プラタナスの木《き》 ②

名前

文章《ぶんしょう》を音読《おんどく》してから、書《か》き写《うつ》しましょう。

アラマちゃんが、いつも
のようにおどろいた。

「そう。この木《き》がさか立《だ》ち
するだろう。すると、木《き》
枝
のみきや枝《えだ》葉《は》と同《おな》じぐら
いの大《おお》きさの根《ね》が出《で》てく

★書《か》き終《お》わったら、もう一度《いちど》、音読《おんどく》しましょう。

（令和二年度版　光村図書　国語　四下　はばたき　椎名　誠）

プラタナスの木《き》 ③

名前

文章《ぶんしょう》を音読《おんどく》してから、書《か》き写《うつ》しましょう。

るんだよ。木《き》というのは、

枝

上《うえ》に生《は》えている枝《えだ》や葉《は》を

ささえるために、土《つち》の中《なか》

でそれと同《おな》じぐらい大《おお》き

な根《ね》が広《ひろ》がって、水分《すいぶん》や

養分《ようぶん》を送《おく》っているんだ。」

★書《か》き終《お》わったら、もう一度《いちど》、音読《おんどく》しましょう。

（令和二年度版　光村図書　国語　四下　はばたき　椎名　誠）

プラタナスの木《き》 ④

名前

文章《ぶんしょう》を音読《おんどく》してから、書《か》き写《うつ》しましょう。

「どの木《き》もみんなそうなんですか。」

今度《こんど》は、花島君《はなじまくん》がマーちんの頭《あたま》ごしにきいた。

「たいていの木《き》は、大《おお》きな根《ね》が地面《じめん》の下《した》にぎっしり

★書《か》き終《お》わったら、もう一度《いちど》、音読《おんどく》しましょう。

（令和二年度版　光村図書　国語　四下　はばたき　椎名　誠）

プラタナスの木《き》 ⑤

名前

文章《ぶんしょう》を音読《おんどく》してから、書《か》き写《うつ》しましょう。

広《ひろ》がっているのさ。だか
ら、このプラタナスの木《き》
が公園全体《こうえんぜんたい》を守《まも》っている、
といってもいいくらいだ。
枝
もし、地上《ちじょう》のみきや枝葉《えだは》
がなくなったら、根《ね》は水《すい》

★書《か》き終《お》わったら、もう一度《いちど》、音読《おんどく》しましょう。

（令和二年度版　光村図書　国語　四下　はばたき　椎名　誠）

プラタナスの木《き》 ⑥

名前

文章《ぶんしょう》を音読《おんどく》してから、書《か》き写《うつ》しましょう。

分《ぶん》や養分《ようぶん》を送《おく》れなくて

こまってしまうんだ」。

マーちんと花島君《はなじまくん》とク

ニスケは「ふうん」。と同《おな》

じような声《こえ》を出《だ》したが、

アラマちゃんはやっぱり

★書《か》き終《お》わったら、もう一度《いちど》、音読《おんどく》しましょう。

（令和二年度版　光村図書　国語　四下　はばたき　椎名　誠）

プラタナスの木《き》 ⑦

名前

文章《ぶんしょう》を音読《おんどく》してから、書《か》き写《うつ》しましょう。

「あらま。」と言《い》った。

それにしても、木《き》の根《ね》がこまってしまうなんて、初《はじ》めて聞《き》く話《はなし》だ。

おじいさんの話《はなし》を聞《き》い

★書《か》き終《お》わったら、もう一度《いちど》、音読《おんどく》しましょう。

（令和二年度版　光村図書　国語　四下　はばたき　椎名　誠）

プラタナスの木《き》 ⑧

名前

文章《ぶんしょう》を音読《おんどく》してから、書《か》き写《うつ》しましょう。

ていると、おじいさん

は、公園《こうえん》のできるずっ

と前《まえ》からプラタナスの

ことを知《し》っているみた

いだ。

★書《か》き終《お》わったら、もう一度《いちど》、音読《おんどく》しましょう。

（令和二年度版　光村図書　国語　四下　はばたき　椎名　誠）

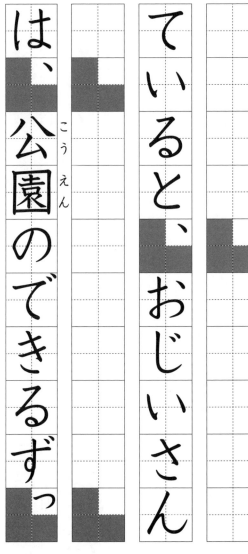

慣用句《かんようく》を使《つか》った文作《ぶんづく》り ①－(1)

名前

● 次《つぎ》の慣用句《かんようく》の意味《いみ》にあてはまるものを下《した》から選《えら》び、――線《せん》で結《むす》びましょう。

(1)
① 頭《あたま》をひねる ・　・ そっくりであること。
② 馬《うま》が合《あ》う ・　・ よく考《かんが》えること。
③ うり二《ふた》つ ・　・ 気《き》が合《あ》うこと。

(2)
① エンジンがかかる ・　・ 前《まえ》にあったいざこざやもめごとなどをなかったことにすること。
② 水《みず》に流《なが》す ・　・ 進《すす》んで世《せ》話《わ》をすること。
③ 世《せ》話《わ》を焼《や》く ・　・ 調子《ちょうし》が出始《ではじ》めること。

慣用句《かんようく》を使《つか》った文作《ぶんづく》り ①-(2)

名前

● 次《つぎ》の慣用句《かんようく》の意味《いみ》にあてはまるものを下《した》から選《えら》び、――線《せん》で結《むす》びましょう。

(1)

① 顔《かお》が広《ひろ》い　・　・　よい結果《けっか》をうむこと。

② 羽《はね》をのばす　・　・　自由《じゆう》にのびのびすること。

③ 実《み》を結《むす》ぶ　・　・　知《し》り合《あ》いが多《おお》いこと。

(2)

① 根《ね》も葉《は》もない　・　・　せいかくがさっぱりしていること。

② 竹《たけ》をわったよう　・　・　苦労《くろう》すること。

③ ほねがおれる　・　・　でたらめなこと。

慣用句《かんようく》を使《つか》った文作《ぶんづく》り　②-(1)

名前

● 〈例《れい》〉のように、——線《せん》の慣用句《かんようく》を使《つか》って文《ぶん》を作《つく》りましょう。
また、下《した》の［　］の言葉《ことば》を使《つか》って、文《ぶん》をつなぎましょう。

〈例《れい》〉　昨日《きのう》・ケンカ・水《みず》に流《なが》す

昨日のケンカを水に流す。

［を　の］

① お母《かあ》さん・弟《おとうと》・世話《せわ》を焼《や》く

［の　が］

② おじいちゃん・近所《きんじょ》・顔《かお》が広《ひろ》い

［で　は］

③ わたし・夏休《なつやす》み・羽《はね》をのばす

［なので　は］

慣用句《かんようく》を使《つか》った文作《ぶんづく》り　②-(2)

名前

●　——線《せん》の慣用句《かんようく》を使《つか》って文《ぶん》を作《つく》りましょう。また、下《した》の□の言葉《ことば》を使《つか》って、文《ぶん》をつなぎましょう。

①　わたし・森《もり》くん・馬《うま》が合《あ》う

は　と

②　あの姉妹《しまい》・うり二《ふた》つだ

は

③　テニス・練習《れんしゅう》・エンジンがかかる

の　に

慣用句《かんようく》を使《つか》った文作《ぶんづく》り ②-(3)

名前

● ——線《せん》の慣用句《かんようく》を使《つか》って文《ぶん》を作《つく》りましょう。また、下《した》の□の言葉《ことば》を使《つか》って、文《ぶん》をつなぎましょう。

① 長年《ながねん》・努力《どりょく》・実《み》を結《むす》んだ

の　が

② 根《ね》も葉《は》もない・うわさ・広《ひろ》まる

が

③ 姉《あね》・竹《たけ》をわったような・せいかくだ

は

④ 夏《なつ》・農作業《のうさぎょう》・ほねがおれる

の　は

慣用句《かんようく》を使《つか》った文作《ぶんづく》り ③

名前

● 次《つぎ》の文《ぶん》に合《あ》う慣用句《かんようく》を□から選《えら》び、文《ぶん》を完成《かんせい》させましょう。

①

試合《しあい》も中《なか》ごろになって、メンバーの

②

わたしは、ちえの輪《わ》の外《はず》し方《かた》に

③

今日《きょう》は両親《りょうしん》がいないので、ゆっくりと

〈慣用句《かんようく》〉
羽《はね》をのばす。 頭《あたま》をひねる。
エンジンがかかる。

つながりに気《き》をつけた文作《ぶんづく》り　①-(1)

名前

● 次《つぎ》の文《ぶん》は、主語《しゅご》と述語《じゅつご》が対応《たいおう》していません。〈例《れい》〉のように、線《せん》の述語《じゅつご》を正《ただ》しいものに変《か》え、文《ぶん》を書《か》き直《なお》しましょう。

〈例《れい》〉　わたしのゆめは、医者《いしゃ》になりたいです。

主語《しゅご》　述語《じゅつご》

わたしのゆめは、医者になることです。

① ぼくの目標《もくひょう》は、毎日二時間勉強《まいにちにじかんべんきょう》します。

② わたしの長所《ちょうしょ》は、やさしいです。

つながりに気《き》をつけた文作《ぶんづく》り ①-(2)

名前

● 次《つぎ》の文《ぶん》は、主語《しゅご》と述語《じゅつご》が対応《たいおう》していません。〈例《れい》〉のように、線《せん》の述語《じゅつご》を正《ただ》しいものに変《か》え、文《ぶん》を書《か》き直《なお》しましょう。

〈例《れい》〉 このアニメを見《み》て心《こころ》に残《のこ》ったことは、主人公《しゅじんこう》が最後《さいご》まであきらめなかった。

このアニメを見て心に残ったことは、主人公が最後まであきらめなかったことだ。

① 冬休《ふゆやす》みのいちばんの思《おも》い出《で》は、家族《かぞく》でスキーに行《い》きました。

② 最近《さいきん》うれしかったことは、二重《にじゅう》とびができました。

つながりに気《き》をつけた文作《ぶんづく》り ②

名前

● 〈例《れい》〉のように、次《つぎ》の文章《ぶんしょう》を、つながりに気《き》をつけて一文《いちぶん》に書《か》き直《なお》しましょう。

〈例《れい》〉 わたしは、朝六時半《あさろくじはん》に起《お》きた。わたしは、顔《かお》をあらった。わたしは、ご飯《はん》を食《た》べた。

わたしは、朝六時半に起きて、顔をあらい、ご飯を食べた。

① 生地《きじ》をこねる。形《かたち》を作《つく》る。オーブンで焼《や》くと、パンができる。

② ぼくは、山《やま》へ登《のぼ》った。ぼくは、初日《はつひ》の出《で》を見《み》た。ぼくは、感動《かんどう》した。

つながりに気《き》をつけた文作《ぶんづく》り ③

名前

● 次《つぎ》の文《ぶん》を、□のつなぎ言葉《ことば》を使《つか》って、三文《さんぶん》に分《わ》けて書《か》き直《なお》しましょう。

① 今朝《けさ》、雨《あめ》がふっていたので、かさを持《も》って行《い》ったが、学校《がっこう》に着《つ》くころには晴《は》れていた。

今朝、雨がふっていた。
だから、

しかし　だから

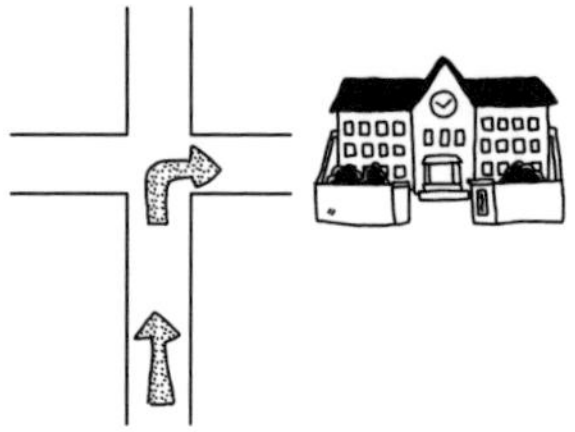

② この道《みち》をまっすぐ進《すす》んで、次《つぎ》の角《かど》で右《みぎ》に曲《ま》がると、学校《がっこう》に着《つ》く。

そして　すると

つながりに気《き》をつけた文作《ぶんづく》り ④

名前

次《つぎ》の文《ぶん》は、二通《ふたとお》りの意味《いみ》にとることができます。①・②の場合《ばあい》に合《あ》わせて、それぞれ読点《とうてん》（、）を一《いっ》か所《しょ》に打《う》って文《ぶん》を書《か》きましょう。

(1) 母《はは》はご飯《はん》を食《た》べながらゲームをしている弟《おとうと》をしかった。

① ご飯《はん》を食《た》べているのが「母《はは》」の場合《ばあい》

② ご飯《はん》を食《た》べているのが「弟《おとうと》」の場合《ばあい》

(2) わたしは兄《あに》と妹《いもうと》の試合《しあい》を見《み》に行《い》く。

① 試合《しあい》をするのが「妹《いもうと》」のみの場合《ばあい》

② 試合《しあい》をするのが「兄《あに》と妹《いもうと》」の場合《ばあい》

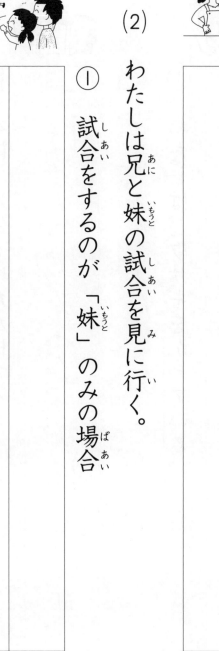

文末《ぶんまつ》の書《か》き方《かた》に気《き》をつけた文作《ぶんづく》り ①

名前

● 〔例《れい》〕のように、——線《せん》の文末《ぶんまつ》をていねいな印象《いんしょう》になるように変え、文を書《か》きましょう。

〔例《れい》〕 本《ほん》は、人生《じんせい》をゆたかにする。

本は、人生をゆたかにします。

① わたしは、ウサギをかっている。

② いっしょに海《うみ》へ行《い》こう。

③ わたしは、いちごが好《す》きだ。なぜなら、あまくておいしいからだ。

文末《ぶんまつ》の書《か》き方《かた》に気《き》をつけた文作《ぶんづく》り ②

名前

● 〈例《れい》〉のように、——線《せん》の文末《ぶんまつ》を短《みじか》くてかんけつな印象《いんしょう》になるように変え、文を書《か》きましょう。

〔例《れい》〕 妹《いもうと》は、漢字《かんじ》を覚《おぼ》えるのがとく意《い》です。

妹は、漢字を覚えるのがとく意だ。

① 明日《あす》は、運動会《うんどうかい》です。

② 昨日《きのう》の夜《よる》、雨《あめ》がふりました。かみなりも鳴《な》ったので、こわかったです。

③ 大《おお》きな声《こえ》であいさつをしましょう。

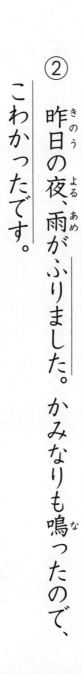

人物《じんぶつ》のせいかくや行動《こうどう》を表《あらわ》す文作《ぶんづく》り ①

名前

● 次《つぎ》の文《ぶん》にあてはまる、人物《じんぶつ》のせいかくや気持《きも》ちを表《あらわ》す言葉《ことば》を □ から選《えら》んで、文《ぶん》を完成《かんせい》させましょう。

(1)

① 父《ちち》は　　　　なので、めったな
ことではおこらない。

② 先生《せんせい》にケンカを売《う》るなんて、
弟《おとうと》は、なかなか

どきょうがある。　温《おん》こう

(2)

① クラスのみんなにほめられて、
　　　　気持《きも》ちになった。

② すて犬《いぬ》のことが　　　　だ。

気《き》がかり　ほこらしい

人物《じんぶつ》のせいかくや行動《こうどう》を表《あらわ》す文作《ぶんづく》り ②

名前

● 〈例〉《れい》のように、――線《せん》の人物《じんぶつ》のせいかくや行動《こうどう》を表《あらわ》す言葉《ことば》を使《つか》って、文《ぶん》を作《つく》りましょう。

〈例〉《れい》 いとこ・とても・陽気《ようき》

いとこは、とても陽気だ。

① 犬《いぬ》・あいきょうがあって・かわいい

② わたし・軽《かる》はずみ・行動《こうどう》・反省《はんせい》する

③ わたし・思《おも》いやりがある・人《ひと》・そんけいする

人物《じんぶつ》のせいかくや行動《こうどう》を表《あらわ》す文作《ぶんづく》り ③

名前

● □から人物《じんぶつ》のせいかくや気持《きも》ち、行動《こうどう》を表《あらわ》す言葉《ことば》を一《ひと》つずつ選《えら》んで、自由《じゆう》に文《ぶん》を作《つく》りましょう。（□の言葉《ことば》は、形《かたち》を変《か》えて使《つか》ってもかまいません。）

①

②

③

〈人物《じんぶつ》のせいかくや気持《きも》ち、行動《こうどう》を表《あらわ》す言葉《ことば》〉

活発《かっぱつ》　　気《き》がかり

根気強《こんきづよ》い　　自由気《じゆうき》まま

はりきる　　へそを曲《ま》げる

考《かんが》えや気《き》持《も》ちを伝《つた》える文《ぶん》作《づく》り ①

名前

● 〈例《れい》〉のように、——線《せん》の考《かんが》えや気《き》持《も》ちを伝《つた》える言葉《ことば》を使《つか》って、文《ぶん》を作《つく》りましょう。

〈例《れい》〉 暗《くら》い・夜道《よみち》・気味《きみ》が悪《わる》い

暗い夜道は、気味が悪い。

① 遠足《えんそく》・中止《ちゅうし》・つまらない

② 部屋《へや》・せいけつ・たもつ

③ わたし・はげしい・音楽《おんがく》・好《この》む

④ 山積《やまづ》み・宿題《しゅくだい》・気《き》が遠《とお》くなる

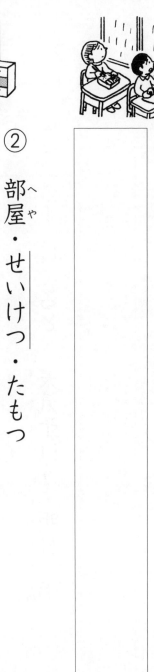

考《かんが》えや気《き》持《も》ちを伝《つた》える文作《ぶんづく》り ②

名前

● 〈例《れい》〉のように、□のつなぎ言葉《ことば》を使《つか》って、考《かんが》えや気《き》持《も》ちを伝《つた》える文《ぶん》を作《つく》りましょう。

〈例《れい》〉

——だとしても

不利《ふり》なじょうきょう・わたし・あきらめない

不利なじょうきょうだとしても、わたしは、あきらめない。

① ——によると

天《てん》気《き》予《よ》ほう・明《あ》日《す》・雨《あめ》

② ——かもしれない

うちゅう人《じん》・いる

③ ——のはずだ

明《あ》日《す》・一《いち》時《じ》間《かん》目《め》のじゅ業《ぎょう》・国《こく》語《ご》

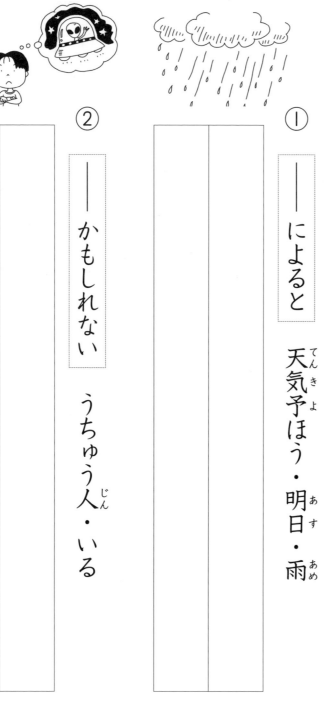

二《ふた》つのことがらをつなぐ文作《ぶんづく》り ①

名前

● 次《つぎ》のつなぎ言葉《ことば》を使《つか》った文《ぶん》を書《か》きましょう。

① 朝早《あさはや》く起《お》きたので、ねむい。

② 運動《うんどう》は苦手《にがて》だが、なわとびは好《す》きだ。

③ 朝食《ちょうしょく》にご飯《はん》を食《た》べるか、パンを食《た》べるか決《き》める。

④ 暑《あつ》い季節《きせつ》になると、アイスを食《た》べたくなる。

⑤ そうじをしたから、部屋《へや》がきれいになった。

二《ふた》つのことがらをつなぐ文作《ぶんづく》り ②

名前

● 次《つぎ》の文《ぶん》にあてはまるつなぎ言葉《ことば》を□から選《えら》んで、文《ぶん》を完成《かんせい》させましょう。

(1)

① ねむくなった　ベッドに
入《はい》った。

② 学校《がっこう》まで、自転車《じてんしゃ》で行《い》く
電車《でんしゃ》で行《い》くかまよう。

か、　ので、

(2)

① 天気予《てんきよ》ほうは晴《は》れだった
雨《あめ》がふった。

② 教科書《きょうかしょ》をわすれた
友《とも》だちに借《か》りよう。

から、　けれど、

二《ふた》つのことがらをつなぐ文作《ぶんづく》り ③

名前

● 〈例〉《れい》のように、□から選《えら》んだつなぎ言葉《ことば》を使《つか》って、次《つぎ》の文《ぶん》を一文《いちぶん》に書《か》き直《なお》しましょう。

〈例〉《れい》 雨《あめ》がふった。だから、運動会《うんどうかい》は中止《ちゅうし》になった。

雨がふったので、運動会は中止になった。

ので　が

① 雪《ゆき》が積《つ》もった。それで、電車《でんしゃ》がとまった。

② 毎日《まいにち》二時間《にじかん》勉強《べんきょう》した。しかし、良《よ》い点《てん》がとれなかった。

③ この角《かど》を右《みぎ》に曲《ま》がる。すると、学校《がっこう》に着《つ》く。

けれど　と　から

様子《ようす》を表《あらわ》す言葉《ことば》を使《つか》った文作《ぶんつく》り ①

名前

● 〈例《れい》〉のように、——線《せん》の様子《ようす》を表《あらわ》す言葉《ことば》を使《つか》って、文《ぶん》を作《つく》りましょう。

〈例《れい》〉 犬《いぬ》・ワンワン・ほえる

犬がワンワンとほえる。

① 風《かぜ》・そよそよ・ふく

② ドア・トントン・たたく

③ かみなり・ゴロゴロ・鳴《な》る

④ ふわふわ・わたあめ・食《た》べる

様子《ようす》を表《あらわ》す言葉《ことば》を使《つか》った文《ぶん》作《つく》り ②

名前

□から様子《ようす》を表《あらわ》す言葉《ことば》を一《ひと》つずつ選《えら》んで、自由《じゆう》に文《ぶん》を作《つく》りましょう。

①

②

③

〈様子《ようす》を表《あらわ》す言葉《ことば》〉

すやすや　コロコロ　ぎっしり
どきどき　ぼんやり　うろうろ
つるつる　くるくる　さらさら

考《かんが》えを伝《つた》える文作《ぶんづく》り　①-(1)

名前

● 〈例〉《れい》のように、次《つぎ》の言葉《ことば》を使《つか》って、自分《じぶん》の考《かんが》えや気持《きも》ちを伝《つた》える文《ぶん》を作《つく》りましょう。

〈例〉《れい》 わたし・このおかし・好《す》き

わたしは、このおかしが好きだ。

① あの店《みせ》・ラーメン・おいしそう

② 友《とも》だち・大切《たいせつ》にするべき

③ 新作《しんさく》・ゲーム・おもしろい

④ 明日《あす》・遊園地《ゆうえんち》・行《い》く・楽《たの》しみ

考《かんが》えを伝《つた》える文作《ぶんづく》り　①-(2)

名前

● 〈例《れい》〉のように、次《つぎ》の言葉《ことば》を使《つか》って、事実《じじつ》を伝《つた》える文《ぶん》を作《つく》りましょう。

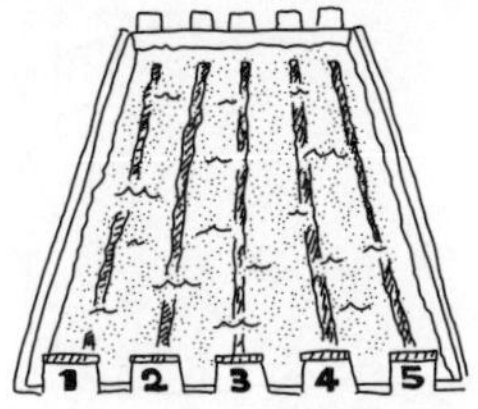

〈例《れい》〉家《いえ》・近《ちか》く・プール・できた

家の近くにプールができた。

① 今日《きょう》・最高気温《さいこうきおん》・三十六度《さんじゅうろくど》

② 雨《あめ》・上《あ》がり・にじ・かかった

③ カエル・主食《しゅしょく》・虫《むし》

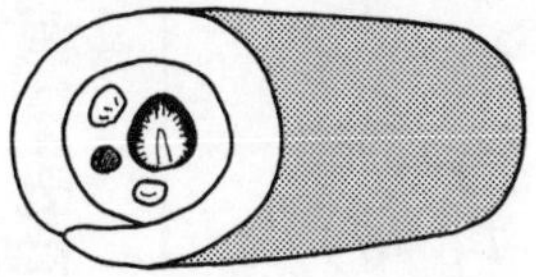

④ 当店《とうてん》・いちばん人気《にんき》・ロールケーキ

考《かんが》えを伝《つた》える文作《ぶんづく》り ②

名前

● 次《つぎ》の言葉《ことば》を使《つか》って、文《ぶん》を作《つく》りましょう。また、（　）に自分《じぶん》の考《かんが》えや気持《きも》ちを伝《つた》える文《ぶん》には㋐、事実《じじつ》を伝《つた》える文《ぶん》には㋑と書《か》きましょう。

(1)

① アルタイル・夏《なつ》・星《せい》ざ

（　　）

② 夏《なつ》・夜空《よぞら》・とても・きれい

（　　）

(2)

① 校長先生《こうちょうせんせい》・お話《はなし》・楽《たの》しい

（　　）

② 朝礼《ちょうれい》・校長先生《こうちょうせんせい》・お話《はなし》・ある

（　　）

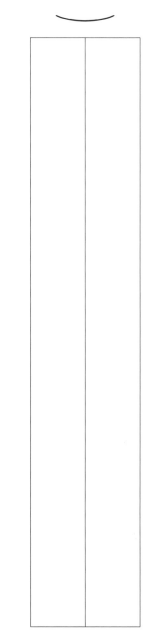

考《かんが》えを伝《つた》える文《ぶん》作《づく》り　③

名前

● 自分《じぶん》の考《かんが》えや気持《きも》ちを伝《つた》える文《ぶん》、または事実《じじつ》を伝《つた》える文《ぶん》を自由《じゆう》に作《つく》りましょう。（□の言葉《ことば》を使《つか》ってもかまいません。）

・自分《じぶん》の考《かんが》えや気持《きも》ちを伝《つた》える文《ぶん》

・事実《じじつ》を伝《つた》える文《ぶん》

レストラン・ハンバーグ・先生《せんせい》・学校《がっこう》
動物園《どうぶつえん》・プール・公園《こうえん》・遊園地《ゆうえんち》
楽《たの》しい・つかれる・行《い》く・遊《あそ》ぶ
かわいい・世話《せわ》をする・大好《だいす》き

送《おく》りがなに気《き》をつけた文作《ぶんづく》り　①-(1)

名前

●送《おく》りがなに気《き》をつけて、——線《せん》の言葉《ことば》を漢字《かんじ》に直《なお》して（　）に書《か》きましょう。また、（　）の言葉《ことば》を使《つか》って文《ぶん》を作《つく》りましょう。

(1)

①　兄《あに》・漢字《かんじ》・おぼえる

（覚える）

兄は、漢字を覚える。

②　わたし・六時《ろくじ》・目《め》・さめる

（　　　）

(2)

①　お城《しろ》・門《もん》・ひらく

（　　　）

②　弟《おとうと》・まど・あける

（　　　）

送《おく》りがなに気をつけた文作《ぶんづく》り　①-(2)

名前

● 送《おく》りがなに気《き》をつけて、——線《せん》の言葉《ことば》を漢字《かんじ》に直《なお》して（　）に書《か》きましょう。また、（　）の言葉《ことば》を使《つか》って文《ぶん》を作《つく》りましょう。

(1)

① 新《あたら》しい・生命《せいめい》・うまれる（　　）

② 校庭《こうてい》・草《くさ》・はえる（　　）

(2)

① 子《こ》どもたち・山道《やまみち》・くだる（　　）

② 母《はは》・階《かい》だん・おりる（　　）

送《おく》りがなに気《き》をつけた文作《ぶんづく》り　②-(1)

名前

● 〈例《れい》〉のように、次《つぎ》の言葉《ことば》を送《おく》りがなに気《き》をつけて漢字《かんじ》に直《なお》し、□に書《か》きましょう。また、□の言葉《ことば》を〈　〉の言《い》い方《かた》に変《か》えて、文《ぶん》を完成《かんせい》させましょう。

例《れい》　たべる

〈動作《どうさ》がすんだ言《い》い方《かた》〉

食《た》べる

わたしは、アイスを食《た》べた。

①　おもいます

〈短《みじか》くてかんけつな言《い》い方《かた》〉

うちゅう人《じん》は、いると

②　きえる

〈打《う》ち消《け》す言《い》い方《かた》〉

火《ひ》が、なかなか

送《おく》りがなに気《き》をつけた文作《ぶんつく》り ②-(2)

名前

● 次《つぎ》の言葉《ことば》を送《おく》りがなに気《き》をつけて漢字《かんじ》に直《なお》し、□に書《か》きましょう。
また、□の言葉《ことば》を〈　〉の言《い》い方《かた》に変《か》えて、文《ぶん》を完成《かんせい》させましょう。

① はなします

〈短《みじか》くてかんけつな言《い》い方《かた》〉

□

グループで

② つくる

〈動作《どうさ》がすんだ言《い》い方《かた》〉

□

パンケーキを

③ はしる

〈ていねいな言《い》い方《かた》〉

うんどうじょう

□

運動場を

熟語《じゅくご》の意味《いみ》に気《き》をつけた文作《ぶんつく》り ①

名前

● 〈例《れい》〉のように、〈　〉の組《く》み合《あ》わせにあてはまる熟語《じゅくご》を□から選《えら》び、□に書《か》きましょう。また、その熟語《じゅくご》を使《つか》って自由《じゆう》に文《ぶん》を作《つく》りましょう。

例《れい》 〈にた意味《いみ》を表《あらわ》す組《く》み合《あ》わせ〉

加《か》入《にゅう》

新《しん》メンバーが加入《かにゅう》する。

加入《かにゅう》（意味《いみ》：加《くわ》える・入《はい》る）　強弱《きょうじゃく》（意味《いみ》：強《つよ》い・弱《よわ》い）

① 〈にた意味《いみ》を表《あらわ》す組《く》み合《あ》わせ〉

② 〈意味《いみ》が対《つい》になる組《く》み合《あ》わせ〉

兄弟《きょうだい》（意味《いみ》：兄《あに》・弟《おとうと》）　学習《がくしゅう》（意味《いみ》：学《まな》ぶ・習《なら》う）

熟語《じゅくご》の意味《いみ》に気《き》をつけた文作《ぶんづく》り ②

名前

● 〈例《れい》〉のように、〈　〉の組《く》み合《あ》わせにあてはまる熟語《じゅくご》を［　］から選《えら》び、［　］に書《か》きましょう。また、その熟語《じゅくご》を使《つか》って自由《じゆう》に文《ぶん》を作《つく》りましょう。

〔例《れい》〕〈上《うえ》の漢字《かんじ》が下《した》の漢字《かんじ》を説明《せつめい》する組《く》み合《あ》わせ〉

深《しん》海《かい》

深海《しんかい》には、不思議《ふしぎ》な生《い》き物《もの》がいる。

深海《しんかい》（意味《いみ》：深《ふか》い海《うみ》）　乗車（意味《いみ》：車《くるま》に乗《の》る）

登山《とざん》（意味《いみ》：山《やま》に登《のぼ》る）　花束《はなたば》（意味《いみ》：花《はな》の束《たば》）

① 〈上《うえ》の漢字《かんじ》が下《した》の漢字《かんじ》を説明《せつめい》する組《く》み合《あ》わせ〉

② 〈「――に」に当《あ》たる意味《いみ》の漢字《かんじ》が下《した》に来《く》る組《く》み合《あ》わせ〉

87頁

慣用句《かんようく》を使《つか》った文作《ぶんづく》り ①-(1) 名前

● 次《つぎ》の慣用句《かんようく》の意味《いみ》にあてはまるものを下《した》から選《えら》び、——線《せん》で結《むす》びましょう。

(1)
① 頭《あたま》をひねる ― よく考《かんが》えること。
② 馬《うま》が合《あ》う ― 気《き》が合《あ》うこと。
③ うり二《ふた》つ ― そっくりであること。

(2)
① エンジンがかかる ― 調子《ちょうし》が出始《ではじ》めること。
② 水《みず》に流《なが》す ― 前《まえ》にあったいざこざやもめごとなどをなかったことにすること。
③ 世話《せわ》を焼《や》く ― 進《すす》んで世話《せわ》をすること。

88頁

慣用句《かんようく》を使《つか》った文作《ぶんづく》り ①-(2) 名前

● 次《つぎ》の慣用句《かんようく》の意味《いみ》にあてはまるものを下《した》から選《えら》び、——線《せん》で結《むす》びましょう。

(1)
① 顔《かお》が広《ひろ》い ― 知《し》り合《あ》いが多《おお》いこと。
② 羽《はね》をのばす ― 自由《じゆう》にのびのびすること。
③ 実《み》を結《むす》ぶ ― よい結果《けっか》をうむこと。

(2)
① 根《ね》も葉《は》もない ― でたらめなこと。
② 竹《たけ》をわったよう ― せいかくがさっぱりしていること。
③ ほねがおれる ― 苦労《くろう》すること。

89頁

慣用句《かんようく》を使《つか》った文作《ぶんづく》り ②-(1) 名前

● 〈例《れい》〉のように、——線《せん》の慣用句《かんようく》を使《つか》って文《ぶん》を作《つく》りましょう。また、下《した》の□の言葉《ことば》を使《つか》って、文《ぶん》をつなぎましょう。

例《れい》 昨日《きのう》・ケンカ・水《みず》に流《なが》す
昨日のケンカを水に流す。
［の　を］

① お母《かあ》さん・弟《おとうと》・世話《せわ》を焼《や》く
お母さんが弟の世話を焼く。
［が　の］

② おじいちゃん・近所《きんじょ》・顔《かお》が広《ひろ》い
おじいちゃんは、近所で顔が広い。
［は　で］

③ わたし・夏休《なつやす》み・羽《はね》をのばす
わたしは、夏休みなので羽をのばす。
［は　なので］

90頁

慣用句《かんようく》を使《つか》った文作《ぶんづく》り ②-(2) 名前

● ——線《せん》の慣用句《かんようく》を使《つか》って文《ぶん》を作《つく》りましょう。また、下《した》の□の言葉《ことば》を使《つか》って、文《ぶん》をつなぎましょう。

① わたし・森《もり》くん・馬《うま》が合《あ》う
わたしは、森くんと馬が合う。
（わたしと森くんは、馬が合う。）
［は　と］

② あの姉妹《しまい》・うり二《ふた》つだ
あの姉妹は、うり二つだ。
［は］

③ テニス・練習《れんしゅう》・エンジンがかかる
テニスの練習にエンジンがかかる。
［の　に］

解答例

本書の解答は，あくまでもひとつの例です。児童に取り組ませる前に，必ず指導される方が問題を解いてください。指導される方の作られた解答をもとに，児童の多様な考えに寄り添って○つけをお願いします。

91頁

慣用句《かんようく》を使《つか》った文作《ぶんづく》り ②-(3)

名前

● ――線《せん》の慣用句《かんようく》を使《つか》って文《ぶん》を作《つく》りましょう。また、下《した》の□の言葉《ことば》を使《つか》って、文《ぶん》をつなぎましょう。

① 長年《ながねん》・努力《どりょく》・実《み》を結《むす》んだ

長年の努力が実を結んだ。

の　が

② 根《ね》も葉《は》もない・うわさ・広《ひろ》まる

根も葉もないうわさが広まる。

が

③ 姉《あね》・竹《たけ》をわったような・せいかくだ

姉は、竹をわったようなせいかくだ。

は

④ 夏《なつ》・農作業《のうさぎょう》・ほねがおれる

夏の農作業は、ほねがおれる。

の　は

92頁

慣用句《かんようく》を使《つか》った文作《ぶんづく》り ③

名前

● 次《つぎ》の文《ぶん》に合《あ》う慣用句《かんようく》を□から選《えら》び、文《ぶん》を完成《かんせい》させましょう。

①

試合も中ごろになって、メンバーのエンジンがかかる。

②

わたしは、ちえの輪の外し方に頭をひねる。

③

今日は両親がいないので、ゆっくりと羽をのばす。

〈慣用句《かんようく》〉
羽《はね》をのばす。　頭《あたま》をひねる。
エンジンがかかる。

93頁

つながりに気《き》をつけた文作《ぶんづく》り ①-(1)

名前

● 次《つぎ》の文《ぶん》は、主語《しゅご》と述語《じゅつご》が対応《たいおう》していません。〈例《れい》〉のように、――線《せん》の述語《じゅつご》を正《ただ》しいものに変《か》え、文《ぶん》を書《か》き直《なお》しましょう。

〈例《れい》〉 わたしのゆめは、（主語《しゅご》）医者《いしゃ》になりたいです。（述語《じゅつご》）

わたしのゆめは、医者になることです。

① ぼくの目標《もくひょう》は、毎日二時間勉強《まいにちにじかんべんきょう》します。

ぼくの目標は、毎日二時間勉強することです。

② わたしの長所《ちょうしょ》は、やさしいです。

わたしの長所は、やさしいところです。

94頁

つながりに気《き》をつけた文作《ぶんづく》り ①-(2)

名前

● 次《つぎ》の文《ぶん》は、主語《しゅご》と述語《じゅつご》が対応《たいおう》していません。〈例《れい》〉のように、――線《せん》の述語《じゅつご》を正《ただ》しいものに変《か》え、文《ぶん》を書《か》き直《なお》しましょう。

〈例《れい》〉 このアニメを見《み》て心《こころ》に残《のこ》ったことは、主人公《しゅじんこう》が最後《さいご》まであきらめなかった。

このアニメを見て心に残ったことは、主人公が最後まであきらめなかったことだ。

① 冬休《ふゆやす》みのいちばんの思《おも》い出《で》は、家族《かぞく》でスキーに行《い》きました。

冬休みのいちばんの思い出は、家族でスキーに行ったことです。

② 最近《さいきん》うれしかったことは、二重《にじゅう》とびができました。

最近うれしかったことは、二重とびができたことです。

解答例

95頁

つながりに気《き》をつけた文作《ぶんづく》り ②

名前

● 〈例《れい》〉のように、次《つぎ》の文章《ぶんしょう》を、つながりに気《き》をつけて一文《いちぶん》に書《か》き直《なお》しましょう。

例《れい》 わたしは、朝六時半《あさろくじはん》に起《お》きた。わたしは、顔《かお》をあらった。わたしは、ご飯《はん》を食《た》べた。

わたしは、朝六時半に起きて、
顔をあらい、ご飯を食べた。

① 生地《きじ》をこねる。形《かたち》を作《つく》る。オーブンで焼《や》くと、パンができる。

生地をこねて、形を作って、オー
ブンで焼くと、パンができる。

② ぼくは、山《やま》へ登《のぼ》った。ぼくは、初日《はつひ》の出《で》を見《み》た。ぼくは、感動《かんどう》した。

ぼくは、山へ登って、初日の出
を見て、感動した。

96頁

つながりに気《き》をつけた文作《ぶんづく》り ③

名前

● 次《つぎ》の文《ぶん》を、□のつなぎ言葉《ことば》を使《つか》って、三文《さんぶん》に分《わ》けて書《か》き直《なお》しましょう。

① 今朝《けさ》、雨《あめ》がふっていたので、かさを持《も》って行《い》ったが、学校《がっこう》に着《つ》くころには晴《は》れていた。

今朝、雨がふっていた。
だから、かさを持って行った。
しかし、学校に着くころには
晴れていた。

しかし　だから

② この道《みち》をまっすぐ進《すす》んで、次《つぎ》の角《かど》で右《みぎ》に曲《ま》がると、学校《がっこう》に着《つ》く。

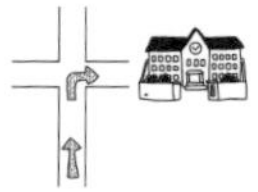

この道をまっすぐ進む。そし
て、次の角で右に曲がる。
すると、学校に着く。

そして　すると

97頁

つながりに気《き》をつけた文作《ぶんづく》り ④

名前

● 次《つぎ》の文《ぶん》は、二通《ふたとお》りの意味《いみ》にとることができます。①・②の場合《ばあい》に合《あ》わせて、それぞれ読点《とうてん》（、）を一《いっ》か所《しょ》に打《う》って文《ぶん》を書《か》きましょう。

(1) 母《はは》はご飯《はん》を食《た》べながらゲームをしている弟《おとうと》をしかった。

① ご飯《はん》を食《た》べているのが「母《はは》」の場合《ばあい》

母はご飯を食べながら、
ゲームをしている弟をしかった。

② ご飯《はん》を食《た》べているのが「弟《おとうと》」の場合《ばあい》

母は、ご飯を食べながら
ゲームをしている弟をしかった。

(2) わたしは兄《あに》と妹《いもうと》の試合《しあい》を見《み》に行《い》く。

① 試合《しあい》をするのが「妹《いもうと》」のみの場合《ばあい》

わたしは兄と、妹の試合を
見に行く。

② 試合《しあい》をするのが「兄《あに》と妹《いもうと》」の場合《ばあい》

わたしは、兄と妹の試合を
見に行く。

98頁

文末《ぶんまつ》の書《か》き方《かた》に気《き》をつけた文作《ぶんづく》り ①

名前

● 〈例《れい》〉のように、——線《せん》の文末《ぶんまつ》をていねいな印象《いんしょう》になるように変え、文《ぶん》を書《か》きましょう。

例《れい》 本《ほん》は、人生《じんせい》をゆたかにする。

本は、人生をゆたかにします。

① わたしは、ウサギをかっている。

わたしは、ウサギをかっています。

② いっしょに海《うみ》へ行《い》こう。

いっしょに海へ行きましょう。

③ わたしは、いちごが好《す》きだ。なぜなら、あまくておいしいからだ。

わたしは、いちごが好きです。なぜ
なら、あまくておいしいからです。

解答例

本書の解答は，あくまでもひとつの例です。児童に取り組ませる前に，必ず指導される方が問題を解いてください。指導される方の作られた解答をもとに，児童の多様な考えに寄り添って○つけをお願いします。

99頁

文末《ぶんまつ》の書《か》き方《かた》に気《き》をつけた文作《ぶんづく》り ②　名前

● 〔例《れい》〕のように、――線《せん》の文末《ぶんまつ》を短《みじか》くてかんけつな印象《いんしょう》になるように変え、文を書《か》きましょう。

〔例《れい》〕 妹《いもうと》は、漢字《かんじ》を覚《おぼ》えるのがとく意《い》です。

妹は、漢字を覚えるのがとく意だ。

① 明日《あす》は、運動会《うんどうかい》です。

明日は、運動会だ。

② 昨日《きのう》の夜《よる》、雨《あめ》がふりました。かみなりも鳴《な》ったので、こわかったです。

昨日の夜、雨がふった。かみなりも鳴ったので、こわかった。

③ 大《おお》きな声《こえ》であいさつをしましょう。

大きな声であいさつをしよう。

99

100頁

人物《じんぶつ》のせいかくや行動《こうどう》を表《あらわ》す文作《ぶんづく》り ①　名前

● 次《つぎ》の文《ぶん》にあてはまる、人物《じんぶつ》のせいかくや気持《きも》ちを表《あらわ》す言葉《ことば》を□から選《えら》んで、文《ぶん》を完成《かんせい》させましょう。

(1)

① 父は温こうなので、めったなことではおこらない。

② 先生にケンカを売るなんて、弟は、なかなかどきょうがある。

どきょうがある。　温《おん》こう

(2)

① クラスのみんなにほめられて、ほこらしい気持ちになった。

② すて犬のことが気がかりだ。

気《き》がかり　ほこらしい

100

101頁

人物《じんぶつ》のせいかくや行動《こうどう》を表《あらわ》す文作《ぶんづく》り ②　名前

● 〔例《れい》〕のように、――線《せん》の人物《じんぶつ》のせいかくや行動《こうどう》を表《あらわ》す言葉《ことば》を使《つか》って、文《ぶん》を作《つく》りましょう。

〔例《れい》〕 いとこ・とても・陽気《ようき》

いとこは、とても陽気だ。

① 犬《いぬ》・あいきょうがあって・かわいい

犬は、あいきょうがあってかわいい。

② わたし・軽《かる》はずみ・行動《こうどう》・反省《はんせい》する

わたしは、軽はずみな行動を反省する。

③ わたし・思《おも》いやりがある・人《ひと》・そんけいする

わたしは、思いやりがある人をそんけいする。

101

102頁

人物《じんぶつ》のせいかくや行動《こうどう》を表《あらわ》す文作《ぶんづく》り ③　名前

● □から人物《じんぶつ》のせいかくや気持《きも》ち、行動《こうどう》を表《あらわ》す言葉《ことば》を一《ひと》つずつ選《えら》んで、自由《じゆう》に文《ぶん》を作《つく》りましょう。（□の言葉《ことば》は、形《かたち》を変《か》えて使《つか》ってもかまいません。）

① (例) 石田さんは活発で、昼休みはいつも外で遊んでいる。

② (例) わたしのかっているねこは、自由気ままなせいかくだ。

③ (例) ぼくは、おかしを買ってもらえなかったので、へそを曲げた。

〈人物《じんぶつ》のせいかくや気持《きも》ち、行動《こうどう》を表《あらわ》す言葉《ことば》〉
活発《かっぱつ》　気《き》がかり
根気強《こんきづよ》い　自由気《じゆうき》まま
はりきる　へそを曲《ま》げる

102

本書の解答は，あくまでもひとつの例です。児童に取り組ませる前に，必ず指導される方が問題を解いてください。指導される方の作られた解答をもとに，児童の多様な考えに寄り添って○つけをお願いします。

解答例

103頁

考《かんが》えや気持《きも》ちを伝《つた》える文作《ぶんづく》り ①

名前

● 〈例《れい》〉のように、――線《せん》の考《かんが》えや気持《きも》ちを伝《つた》える言葉《ことば》を使《つか》って、文《ぶん》を作《つく》りましょう。

〔例《れい》〕 暗《くら》い・夜道《よみち》・気味《きみ》が悪《わる》い

暗い夜道は、気味が悪い。

① 遠足《えんそく》・中止《ちゅうし》・つまらない

遠足が中止になって、つまらない。

② 部屋《へや》・せいけつ・たもつ

部屋をせいけつにたもつ。

③ わたし・はげしい・音楽《おんがく》・好《この》む

わたしは、はげしい音楽を好む。

④ 山積《やまづ》み・宿題《しゅくだい》・気《き》が遠《とお》くなる

山積みの宿題に気が遠くなる。

104頁

（105頁は略）

考《かんが》えや気持《きも》ちを伝《つた》える文作《ぶんづく》り ②

名前

● 〈例《れい》〉のように、□のつなぎ言葉《ことば》を使《つか》って、考《かんが》えや気持《きも》ちを伝《つた》える文《ぶん》を作《つく》りましょう。

〔例《れい》〕 ――だとしても

不利《ふり》なじょうきょう・わたし・あきらめない

不利なじょうきょうだとしても、わたしは、あきらめない。

① ――によると

天気予《てんきよ》ほう・明日《あす》・雨《あめ》

天気予ほうによると、明日は雨のようだ。

② ――かもしれない

うちゅう人《じん》・いる

うちゅう人は、いるかもしれない。

③ ――のはずだ

明日《あす》・一時間目《いちじかんめ》のじゅ業《ぎょう》・国語《こくご》

明日の一時間目のじゅ業は、国語のはずだ。

106頁

二《ふた》つのことがらをつなぐ文作《ぶんづく》り ②

名前

● 次《つぎ》の文《ぶん》にあてはまるつなぎ言葉《ことば》を□から選《えら》んで、文《ぶん》を完成《かんせい》させましょう。

(1)

① ねむくなったので、ベッドに入った。

② 学校まで、自転車で行くか、電車で行くかまよう。

か、　ので、

(2)

① 天気予ほうは晴れだったけれど、雨がふった。

② 教科書をわすれたから、友だちに借りよう。

から、　けれど、

107頁

二《ふた》つのことがらをつなぐ文作《ぶんづく》り ③

名前

● 〈例《れい》〉のように、□から選《えら》んだつなぎ言葉《ことば》を使《つか》って、次《つぎ》の文《ぶん》を一文《いちぶん》に書《か》き直《なお》しましょう。

〔例《れい》〕 雨《あめ》がふった。だから、運動会《うんどうかい》は中止《ちゅうし》になった。

雨がふったので、運動会は中止になった。

ので　が

① 雪《ゆき》が積《つ》もった。それで、電車《でんしゃ》がとまった。

雪が積もったから、電車がとまった。

② 毎日二時間勉強《まいにちにじかんべんきょう》した。しかし、良《よ》い点《てん》がとれなかった。

毎日二時間勉強したけれど、良い点がとれなかった。

③ この角《かど》を右《みぎ》に曲《ま》がる。すると、学校《がっこう》に着《つ》く。

この角を右に曲がると、学校に着く。

けれど　と　から

解答例

本書の解答は，あくまでもひとつの例です。児童に取り組ませる前に，必ず指導される方が問題を解いてください。指導される方の作られた解答をもとに，児童の多様な考えに寄り添って○つけをお願いします。

108頁

様子《ようす》を表《あらわ》す言葉《ことば》を使《つか》った文作《ぶんづく》り ①　名前

● 〈例〉のように、——線《せん》の様子《ようす》を表《あらわ》す言葉《ことば》を使《つか》って、文《ぶん》を作《つく》りましょう。

〈例《れい》〉犬《いぬ》・ワンワン・ほえる

犬がワンワンとほえる。

① 風《かぜ》・そよそよ・ふく

風がそよそよとふく。

② ドア・トントン・たたく

ドアをトントンとたたく。

③ かみなり・ゴロゴロ・鳴《な》る

かみなりがゴロゴロと鳴る。

④ ふわふわ・わたあめ・食《た》べる

ふわふわのわたあめを食べる。

109頁

様子《ようす》を表《あらわ》す言葉《ことば》を使《つか》った文作《ぶんづく》り ②　名前

● □から様子《ようす》を表《あらわ》す言葉《ことば》を一《ひと》つずつ選《えら》んで、自由《じゆう》に文《ぶん》を作《つく》りましょう。

①（例）赤ちゃんがすやすやとねむる。

②（例）わたしは、道にまよってうろうろする。

③（例）ぼくは、つるつるとしたうどんを食べる。

〈様子《ようす》を表《あらわ》す言葉《ことば》〉

すやすや　コロコロ　ぎっしり

どきどき　ぼんやり　うろうろ

つるつる　くるくる　さらさら

110頁

考《かん》えを伝《つた》える文作《ぶんづく》り ①-(1)　名前

● 〈例《れい》〉のように、次《つぎ》の言葉《ことば》を使《つか》って、自分《じぶん》の考《かんが》えや気持《きも》ちを伝《つた》える文《ぶん》を作《つく》りましょう。

〈例《れい》〉わたし・このおかし・好《す》き

わたしは、このおかしが好きだ。

① あの店《みせ》・ラーメン・おいしそう

あの店のラーメンは、おいしそうだ。

② 友《とも》だち・大切《たいせつ》にするべき

友だちは、大切にするべきだ。

③ 新作《しんさく》・ゲーム・おもしろい

新作のゲームは、おもしろい。

④ 明日《あす》・遊園地《ゆうえんち》・行《い》く・楽《たの》しみ

明日、遊園地に行くのが楽しみだ。

111頁

考《かん》えを伝《つた》える文作《ぶんづく》り ①-(2)　名前

● 〈例《れい》〉のように、次《つぎ》の言葉《ことば》を使《つか》って、事実《じじつ》を伝《つた》える文《ぶん》を作《つく》りましょう。

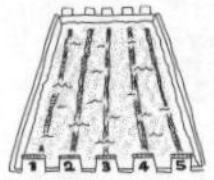

〈例《れい》〉家《いえ》・近《ちか》く・プール・できた

家の近くにプールができた。

① 今日《きょう》・最高気温《さいこうきおん》・三十六度《さんじゅうろくど》

今日の最高気温は、三十六度だ。

② 雨《あめ》・上《あ》がり・にじ・かかった

雨が上がり、にじがかかった。

③ カエル・主食《しゅしょく》・虫《むし》

カエルの主食は、虫だ。

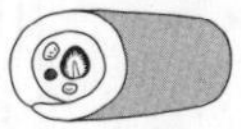

④ 当店《とうてん》・いちばん人気《にんき》・ロールケーキ

当店のいちばん人気は、ロールケーキだ。

解答例

112頁

考《かん》えを伝《つた》える文作《ぶんづく》り ②　名前

● 次《つぎ》の言葉《ことば》を使《つか》って、文《ぶん》を作《つく》りましょう。また、（　）に自分《じぶん》の考《かんが》えや気《き》持《も》ちを伝《つた》える文《ぶん》には㋐、事実《じじつ》を伝《つた》える文《ぶん》には㋑と書《か》きましょう。

(1)

① アルタイル・夏《なつ》・星《せい》ざ

（㋑）アルタイルは、夏の星ざだ。

② 夏《なつ》・夜空《よぞら》・とても・きれい

（㋐）夏の夜空は、とてもきれいだ。

(2)

① 校長先生《こうちょうせんせい》・お話《はなし》・楽《たの》しい

（㋐）校長先生のお話は、楽しい。

② 朝礼《ちょうれい》・校長先生《こうちょうせんせい》・お話《はなし》・ある

（㋑）朝礼で校長先生のお話がある。

113頁

考《かん》えを伝《つた》える文作《ぶんづく》り ③　名前

● 自分《じぶん》の考《かんが》えや気《き》持《も》ちを伝《つた》える文《ぶん》、または事実《じじつ》を伝《つた》える文《ぶん》を自由《じゆう》に作《つく》りましょう。（□の言葉《ことば》を使《つか》ってもかまいません。）

・自分《じぶん》の考《かんが》えや気《き》持《も》ちを伝《つた》える文《ぶん》

（例）プールでたくさん泳いだので、つかれた。

・事実《じじつ》を伝《つた》える文《ぶん》

（例）このレストランの人気メニューは、ハンバーグだ。

（例）ぼくのかっている犬が、公園で遊んでいる。

レストラン・ハンバーグ・先生《せんせい》・学校《がっこう》
動物園《どうぶつえん》・プール・公園《こうえん》・遊園地《ゆうえんち》
楽《たの》しい・つかれる・行《い》く・遊《あそ》ぶ
かわいい・世話《せわ》をする・大好《だいす》き

114頁

送《おく》りがなに気《き》をつけた文作《ぶんづく》り ①-(1)　名前

● 送《おく》りがなに気《き》をつけて、――線《せん》の言葉《ことば》を漢字《かんじ》に直《なお》して（　）に書《か》きましょう。また、（　）の言葉《ことば》を使《つか》って文《ぶん》を作《つく》りましょう。

(1)

① 兄《あに》・漢字《かんじ》・おぼえる（覚える）

兄は、漢字を覚える。

② わたし・六時《ろくじ》・目《め》・さめる（覚める）

わたしは、六時に目が覚める。

(2)

① お城《しろ》・門《もん》・ひらく（開く）

お城の門が開く。

② 弟《おとうと》・まど・あける（開ける）

弟が、まどを開ける。

115頁

送《おく》りがなに気《き》をつけた文作《ぶんづく》り ①-(2)　名前

● 送《おく》りがなに気《き》をつけて、――線《せん》の言葉《ことば》を漢字《かんじ》に直《なお》して（　）に書《か》きましょう。また、（　）の言葉《ことば》を使《つか》って文《ぶん》を作《つく》りましょう。

(1)

① 新《あたら》しい・生命《せいめい》・うまれる（生まれる）

新しい生命が生まれる。

② 校庭《こうてい》・草《くさ》・はえる（生える）

校庭に草が生える。

(2)

① 子《こ》どもたち・山道《やまみち》・くだる（下る）

子どもたちが山道を下る。

② 母《はは》・階《かい》だん・おりる（下りる）

母が階だんを下りる。

解答例

本書の解答は，あくまでもひとつの例です。児童に取り組ませる前に，必ず指導される方が問題を解いてください。指導される方の作られた解答をもとに，児童の多様な考えに寄り添って○つけをお願いします。

116頁

送《おく》りがなに気《き》をつけた文作《ぶんづく》り ②-(1)

名前

● 〈例《れい》〉のように、次《つぎ》の言葉《ことば》を送《おく》りがなに気《き》をつけて漢字《かんじ》に直《なお》し、□に書《か》きましょう。また、□の言葉《ことば》を〈 〉の言《い》い方《かた》に変《か》えて、文《ぶん》を完成《かんせい》させましょう。

〔例《れい》〕 たべる

〈動作《どうさ》がすんだ言《い》い方《かた》〉

食べる

わたしは、アイスを食べた。

① おもいます

〈短《みじか》くてかんけつな言《い》い方《かた》〉

思います

うちゅう人は、いると思う。

② きえる

〈打《う》ち消《け》す言《い》い方《かた》〉

消える

火が、なかなか消えない。

117頁

送《おく》りがなに気《き》をつけた文作《ぶんづく》り ②-(2)

名前

● 次《つぎ》の言葉《ことば》を送《おく》りがなに気《き》をつけて漢字《かんじ》に直《なお》し、□に書《か》きましょう。また、□の言葉《ことば》を〈 〉の言《い》い方《かた》に変《か》えて、文《ぶん》を完成《かんせい》させましょう。

① はなします

〈短《みじか》くてかんけつな言《い》い方《かた》〉

話します

グループで話す。

② つくる

〈動作《どうさ》がすんだ言《い》い方《かた》〉

作る

パンケーキを作った。

③ はしる

〈ていねいな言《い》い方《かた》〉

走る

運動場を走ります。

118頁

熟語《じゅくご》の意味《いみ》に気《き》をつけた文作《ぶんづく》り ①

名前

● 〈例《れい》〉のように、〈 〉の組《く》み合《あ》わせにあてはまる熟語《じゅくご》を□から選《えら》び、□□に書《か》きましょう。また、その熟語《じゅくご》を使《つか》って自由《じゆう》に文《ぶん》を作《つく》りましょう。

〔例《れい》〕 〈にた意味《いみ》を表《あらわ》す組《く》み合《あ》わせ〉

加入

新メンバーが加入する。

加入《かにゅう》（意味《いみ》：加《くわ》える・入《はい》る）　強弱《きょうじゃく》（意味《いみ》：強《つよ》い・弱《よわ》い）

① 〈にた意味《いみ》を表《あらわ》す組《く》み合《あ》わせ〉

学習

(例) ロボットが言語を学習する。

② 〈意味《いみ》が対《つい》になる組《く》み合《あ》わせ〉

兄弟

(例) ぼくたち兄弟は、とても仲が良い。

兄弟《きょうだい》（意味《いみ》：兄《あに》・弟《おとうと》）　学習《がくしゅう》（意味《いみ》：学《まな》ぶ・習《なら》う）

119頁

熟語《じゅくご》の意味《いみ》に気《き》をつけた文作《ぶんづく》り ②

名前

● 〈例《れい》〉のように、〈 〉の組《く》み合《あ》わせにあてはまる熟語《じゅくご》を□から選《えら》び、□□に書《か》きましょう。また、その熟語《じゅくご》を使《つか》って自由《じゆう》に文《ぶん》を作《つく》りましょう。

〔例《れい》〕 〈上《うえ》の漢字《かんじ》が下《した》の漢字《かんじ》を説明《せつめい》する組《く》み合《あ》わせ〉

深海

深海には、不思議な生き物がいる。

深海《しんかい》（意味《いみ》：深《ふか》い海《うみ》）　乗車（意味《いみ》：車《くるま》に乗《の》る）

① 〈上《うえ》の漢字《かんじ》が下《した》の漢字《かんじ》を説明《せつめい》する組《く》み合《あ》わせ〉

花束

(例) お母さんに花束をわたす。

② 〈「―に」に当《あ》たる意味《いみ》の漢字《かんじ》が下《した》に来《く》る組《く》み合《あ》わせ〉

登山

(例) お父さんのしゅ味は、登山だ。

登山《とざん》（意味《いみ》：山《やま》に登《のぼ》る）　花束《はなたば》（意味《いみ》：花《はな》の束《たば》）

喜楽研の支援教育シリーズ

もっと　ゆっくり　ていねいに学べる　個別指導に最適

作文ワーク 基礎編 4-② 「読む・写す・書く」

光村図書・東京書籍・教育出版の教科書教材より抜粋

2023 年 4 月 2 日

イラスト：山口　亜耶・日向　博子・白川　えみ　他
表紙イラスト：鹿川　美佳
表紙デザイン：エガオデザイン
企画・編著：原田　善造・あおい　えむ・堀越　じゅん・今井　はじめ・さくら　りこ
中　あみ・中　えみ・中田　こういち・なむら　じゅん・はせ　みう
ほしの　ひかり・みやま　りょう（他 4 名）
編集担当：田上　優衣

発行者：岸本　なおこ
発行所：喜楽研（わかる喜び学ぶ楽しさを創造する教育研究所：略称）
〒604-0827　京都府京都市中京区高倉通二条下ル瓦町 543-1
TEL 075-213-7701　FAX 075-213-7706　HP https://www.kirakuken.co.jp
印刷：株式会社米谷

ISBN : 978-4-86277-440-8

Printed in Japan